金 工 实 训

主　编　马吉建　崔　凯
副主编　刘　斌　王　强　黄龙鹏
参　编　何建辉　杜少华　招小伟　黄　勤
　　　　梁宁侃　覃冬梅　姜婧洋
主　审　林勇坚

机械工业出版社

本书包括机加工实训、钳工实训、焊接实训和热处理实训四个模块，每个模块设计了不同的任务，每个任务包括工作任务、任务分析、知识链接、技能辅导、匠心讲堂和任务书。学生带着任务进行知识学习，并分组对任务进行讨论，形成计划，根据计划完成任务实施，记录实施过程。任务完成后通过自评、小组互评和教师评价得到综合评价结果，学生根据评价结果进行总结与反思，巩固和提高学习效果。本书采用双色印刷，并制作了动画、视频等数字资源，以二维码形式放置于相应知识点处，学生使用手机扫码即可观看相应资源。

本书可作为高等职业教育机械类、近机械类专业的教学用书，也可以供相关工程技术人员参考。

本书配有电子课件，凡使用本书作为教材的教师可登录机械工业出版社教育服务网 www.cmpedu.com，注册后免费下载。咨询电话：010-88379375。

图书在版编目（CIP）数据

金工实训 / 马吉建，崔凯主编. --北京：机械工业出版社，2024.8（2025.1 重印）. -- ISBN 978-7-111-76145-7

Ⅰ. TG-45

中国国家版本馆 CIP 数据核字第 2024XU9351 号

机械工业出版社（北京市百万庄大街 22 号　邮政编码 100037）
策划编辑：刘良超　　　　　　　　　责任编辑：刘良超
责任校对：张慧敏　杨　霞　景　飞　封面设计：王　旭
责任印制：任维东
北京瑞禾彩色印刷有限公司印刷
2025 年 1 月第 1 版第 2 次印刷
184mm×260mm・9.75 印张・231 千字
标准书号：ISBN 978-7-111-76145-7
定价：33.80 元

电话服务	网络服务
客服电话：010-88361066	机 工 官 网：www.cmpbook.com
010-88379833	机 工 官 博：weibo.com/cmp1952
010-68326294	金 书 网：www.golden-book.com
封底无防伪标均为盗版	机工教育服务网：www.cmpedu.com

前　言

　　本书采用模块化编写，每个模块设计了不同的任务，每个任务包括工作任务、任务分析、知识链接、技能辅导、匠心讲堂和任务书。学生带着任务进行知识学习，并分组对任务进行讨论，形成计划，根据计划完成任务实施，记录实施过程。任务完成后通过自评、小组互评和教师评价得到综合评价结果，学生根据评价结果进行总结与反思，巩固和提高学习效果。

　　本书充分考虑了学生群体的学习特点，任务载体贴近学生生活，能激发学生学习兴趣，又融入了金属加工领域的相关规范和要求，适合机械类和近机械类专业学生学习使用。本书采用双色印刷，重点突出、图片精美，有利于学生在学习过程中提纲挈领，形成知识体系。

　　本书落实党的二十大报告提出的"推进教育数字化，建设全民终身学习的学习型社会、学习型大国"，制作了动画、视频等数字资源，以二维码形式放置于相应知识点处，学生使用手机扫码即可观看相应资源，丰富了教学手段，有利于信息化教学。

　　本书包括机加工实训、钳工实训、焊接实训和热处理实训四个模块，建议学时安排为3周，各学校可根据实际情况自行调整。

　　本书由广西机电职业技术学院马吉建、崔凯担任主编，刘斌、王强、黄龙鹏担任副主编，何建辉、杜少华、招小伟、黄勤、梁宁侃、覃冬梅、姜婧洋参与了编写。具体分工如下：马吉建、黄勤、梁宁侃编写模块一任务一，崔凯、王强、杜少华编写模块一任务二，刘斌、招小伟编写模块二，黄龙鹏、何建辉编写模块三，黄龙鹏、覃冬梅、姜婧洋编写模块四。广西机电职业技术学院林勇坚审阅了本书并提出了宝贵意见。

　　本书在编写过程中得到了广西汽车集团有限公司首席专家、大国工匠郑志明的指导，在此表示衷心的感谢。

　　由于编者水平有限，书中难免有不妥和错漏之处，恳请广大读者批评指正。

编　者

二维码索引

资源名称	二维码	页码	资源名称	二维码	页码
车床操纵		11	游标卡尺的读数与使用		21
车刀安装方法		11	平口钳安装		34
工件安装方法		12	平口钳的找正		34
端面车削加工方法		14	铣床操作		38
外圆车削加工方法		15	刀具安装		38
切槽加工方法		17	刀片安装		39
花纹零件加工工艺		19	铣床工件安装		40
车床套螺纹的方法		20	铣床参数调整		41

（续）

资源名称	二维码	页码	资源名称	二维码	页码
铣平面及垂直面		43	攻螺纹		92
锤头划线		49	套螺纹		94
铣斜面		50	气割操作		105
钻孔		52	焊条电弧焊平敷焊		119
攻螺纹方法		55	焊条电弧焊T形接头平角焊		122
划线		80	退火与正火		135
锯削		83	淬火与回火		136
锉削		86	金属材料与硬度检测		139

目 录

前言
二维码索引
模块一　机加工实训 ··· 1
　任务一　手柄加工 ··· 1
　任务二　锤头加工 ·· 29
模块二　钳工实训 ·· 61
　任务　平衡蜻蜓和支承座加工 ··· 61
模块三　焊接实训 ·· 101
　任务一　单层钢结构厂房支承柱柱脚毛坯气割下料 ································· 101
　任务二　单层钢结构厂房支承柱柱脚焊接成形 ······································· 112
模块四　热处理实训 ··· 129
　任务　齿轮热处理 ··· 129
参考文献 ·· 150

模块一 机加工实训

知识目标：

1) 了解常用机床的工作原理、工作特点和加工范围。
2) 理解金属切削加工工艺参数的选择原则，学会分析典型零件的车削加工工艺。
3) 了解机床常用夹具的工作原理以及应用范围。

技能目标：

1) 能运用相关工艺手册制订简单典型零件加工工艺规程。
2) 能够初步掌握卧式车床、铣床的操作方法，具备独立进行典型零件的加工、质量检测与分析的能力。
3) 能够选择合理的切削加工工艺装备对典型零件进行定位装夹。
4) 能够合理选用刀具进行典型零件切削加工。

素养目标：

1) 提升质量和经济意识、安全与环保意识。
2) 培养耐心专注的意志力，领悟工匠精神的实质，培养协作精神。
3) 培养严谨、认真、踏实的学习精神，激发自主创新的积极性，提升创新创业能力和可持续发展能力。
4) 提升5S标准化现场管理能力，养成良好的职业素养。

任务一 手柄加工

一、工作任务

车削加工图 1-1 所示手柄零件。

二、任务分析

手柄的加工任务包括车削外圆柱面、端面、钻中心孔、网纹加工、退刀槽和螺纹加工，φ14mm 网纹外圆柱面长度 80mm 未注公差，按国家标准 GB/T 1804—2000 执行，其他部分

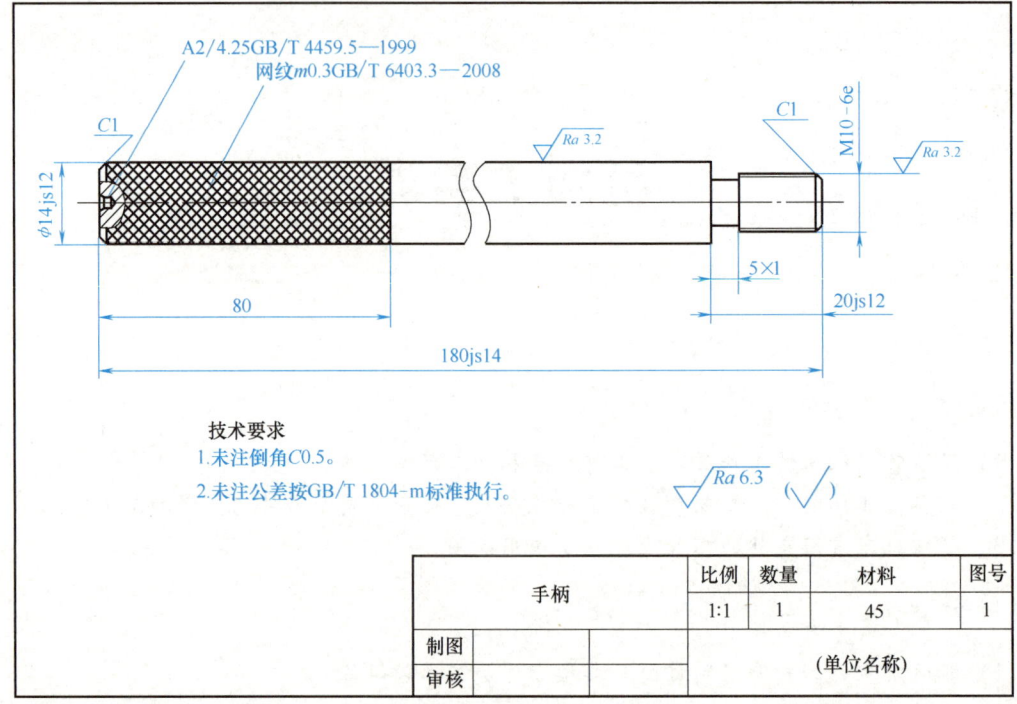

图 1-1 手柄

尺寸按图示公差加工，可以根据工件精度和机床加工精度范围选择合适的机床，并制订合理工艺路线，完成加工任务。

三、知识链接

（一）常用机床介绍

1. 机床型号

机床的型号是机床产品的代号，用以表明机床的类型、通用和结构特性、主要技术参数等。GB/T 15375—2008《金属切削机床 型号编制方法》规定，我国的机床型号由汉语拼音字母和阿拉伯数字按一定规律组合而成。

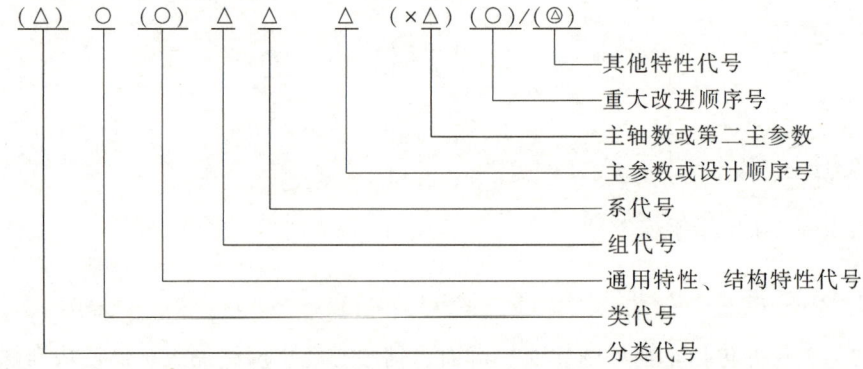

有"()"的代号或数字，当无内容时，则不表示；若有内容则不带括号。有"○"符

号的,为大写的汉语拼音字母。有"△"符号的,为阿拉伯数字。有"Ⓐ"符号的,为大写的汉语拼音字母,或阿拉伯数字,或两者兼有之。

例如:

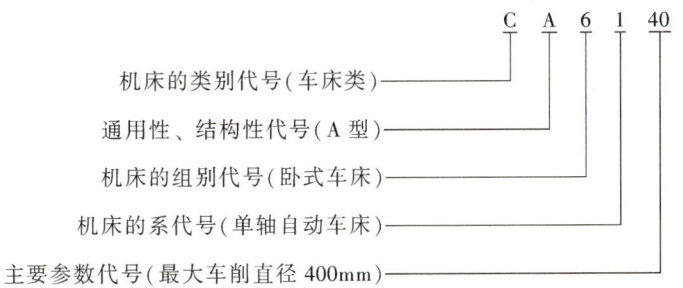

(1) 机床的分类代号　见表1-1。

表1-1　机床分类代号

类别	车床	钻床	镗床	磨床			齿轮加工机床	螺纹加工机床	铣床	刨插床	拉床	锯床	其他机床
代号	C	Z	T	M	2M	3M	Y	S	X	B	L	G	Q
读音	车	钻	镗	磨	二磨	三磨	牙	丝	铣	刨	拉	割	其

(2) 机床的特性代号　见表1-2。

表1-2　机床特性代号

通用特性	高精度	精密	自动	半自动	数控	加工中心(自动换刀)	仿形	轻型	加重型	柔性加工单元	数显	高速
代号	G	M	Z	B	K	H	F	Q	C	R	X	S
读音	高	密	自	半	控	换	仿	轻	重	柔	显	速

(3) 结构特性代号　为区别主参数相同而结构不同的机床,在型号中用汉语拼音字母区分。如CA6140中的"A"。

(4) 机床的组别、系代号　见表1-3。

表1-3　通用机床组别、系代号

组别	0	1	2	3	4	5	6	7	8	9
车床C	仪表车床	单轴自动车床	多轴自动、半自动车床	回转、转塔车床	曲轴及凸轮轴车床	立式车床	落地及卧式车床	仿形及多刀车床	轮、轴、辊、锭及铲齿车床	其他车床
钻床Z	—	坐标镗钻床	深孔钻床	摇臂钻床	台式钻床	立式钻床	卧式钻床	铣钻床	中心孔钻床	其他钻床
镗床T	—	—	深孔镗床	—	坐标镗床	立式镗床	卧式铣镗床	精镗床	汽车、拖拉机修理用镗床	其他镗床

（续）

组别		0	1	2	3	4	5	6	7	8	9
磨床	M	仪表磨床	外圆磨床	内圆磨床	砂轮机	坐标磨床	导轨磨床	刀具刃磨床	平面及端面磨床	曲轴、凸轮轴、花键轴及轧辊磨床	工具磨床
	2M	—	超精机	内圆珩磨机	外圆及其他珩磨机	抛光机	砂带抛光及磨削机床	刀具刃磨及研磨机床	可转位刀片磨削机床	研磨机	其他磨床
	3M	—	球轴承套圈沟磨床	滚子轴承套圈滚道磨床	轴承套圈超精机	—	叶片磨削机床	滚子加工机床	钢球加工机床	气门、活塞及活塞环磨削机床	汽车、拖拉机修磨机床
齿轮加工机床 Y		仪表齿轮加工机	—	锥齿轮加工机	滚齿及铣齿机	剃齿及珩齿机	插齿机	花键轴铣床	齿轮磨齿机	其他齿轮加工机	齿轮倒角及检查机
螺纹加工机床 S			—	—	套螺纹机	攻螺纹机	—	螺纹铣床	螺纹磨床	螺纹车床	—
铣床 X		仪表铣床	悬臂及滑枕铣床	龙门铣床	平面铣床	仿形铣床	立式升降台铣床	卧式升降台铣床	床身铣床	工具铣床	其他铣床
刨插床 B		—	悬臂刨床	龙门刨床	—	—	插床	牛头刨床	—	边缘及模具刨床	其他刨床
拉床 L		—	—	侧拉床	卧式外拉床	连续拉床	立式内拉床	卧式内拉床	立式外拉床	键槽、轴瓦及螺纹拉床	其他拉床
锯床 G		—	—	砂轮片锯床	—	卧式带锯床	立式带锯床	圆锯床	弓锯床	锉锯床	
其他机床 Q		其他仪表机床	管子加工机床	木螺钉加工机	—	刻线机	切断机	多功能机床			

　　(5) 机床主参数　代表机床规格的大小，在机床型号中，用数字给出主参数的折算数值（1/10 或 1/150）。

　　(6) 设计顺序号　当无法用一个主参数表示时，则在型号中用设计顺序号表示。

　　(7) 第二参数　一般是主轴数、最大跨距、最大工作长度、工作台工作面长度等，它也用折算值表示。

　　(8) 机床的重大改进顺序号　当机床性能和结构布局有重大改进时，在原机床型号尾部,加重大改进顺序号,如 A、B、C 等。

(9)其他特性代号 用以反映各类机床的特性,用数字、字母或阿拉伯数字来表示。

(10)企业代号 生产单位为机床厂时,由机床厂所在城市名称的大写汉语拼音字母及该厂在该城市建立的先后顺序号,或机床厂名称的大写汉语拼音字母表示。

2. 外圆柱表面加工的经济公差等级(表1-4)

表1-4 外圆柱表面加工的经济公差等级

加工方法		经济公差等级(IT)
车削	粗车	11~12
	半精或一次车	8~10
	精车	6~7
	细车、金刚车	5~6
磨削	粗磨	8
	精磨	6~7
	细磨	5~6
研磨、超精加工		5
滚压、金刚石压平		5~6

(二)车床组成和各部分功能

卧式车床结构如图1-2所示。

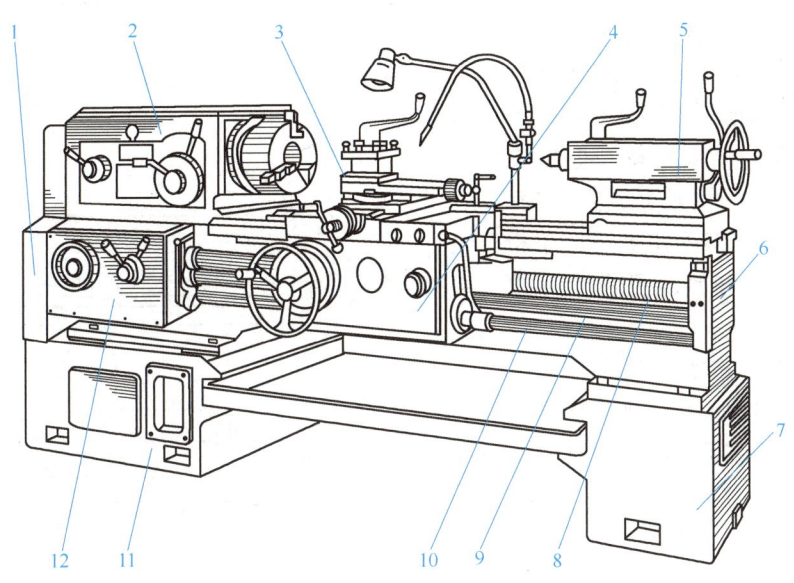

图1-2 卧式车床结构图

1—交换齿轮箱 2—主轴箱 3—刀架 4—溜板箱 5—尾座 6—床身
7、11—床腿 8—丝杠 9—光杠 10—操纵杆 12—进给箱

(1)交换齿轮箱 用来把主轴的旋转运动传给进给箱。调换箱内的齿轮,并与进给箱及丝杠配合,可以车削各种不同螺距的螺纹。

(2) 主轴箱 用来带动车床主轴及卡盘转动。变换箱外的手柄位置可以使主轴得到各种不同的转速。

(3) 刀架 用于安装车刀。普通卧式车床的刀架部分（图1-3）主要由床鞍、中滑板、小滑板、方刀架、转盘组成。

1) 床鞍。与溜板箱牢固相连，可沿床身导轨做纵向移动。

2) 中滑板。装置在床鞍顶面的横向导轨上，可做横向移动。

3) 转盘。固定在中滑板上，松开紧固螺母后，可转动转盘，使它和床身导轨成需要的角度，而后再拧紧紧固螺母，以加工圆锥面等。

4) 小滑板。装在转盘上面的燕尾槽内，可做短距离的进给移动。

5) 方刀架。固定在小滑板上，可同时装夹四把车刀。松开锁紧手柄，即可转动方刀架，把需要的车刀更换到工作位置上。

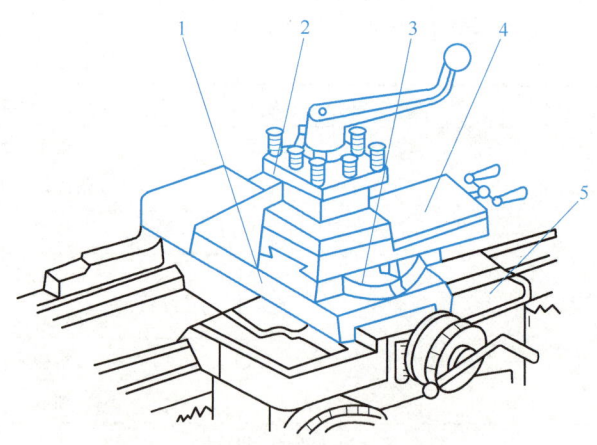

图1-3 普通卧式车床刀架结构图

1—中滑板 2—方刀架 3—转盘 4—小滑板 5—床鞍

(4) 溜板箱 把光杠或丝杠的旋转运动传给溜板部分。变换箱外的手柄位置，经溜板部分使车刀做纵向或横向走刀。

(5) 尾座 用来安装顶尖、支顶较长工件，还可以安装各种切削刀具，如钻头、中心钻、铰刀等，尾座结构如图1-4所示。

(6) 床身 用来支持和安装车床的各个部件，如主轴箱、进给箱、溜板箱和尾座等。床身上面有两条精确的导轨，溜板和尾座可沿着导轨移动。

(7) 床腿 用于安装车床，床腿可以与地脚螺栓连接，把车床固定在地面，防止车床工作时发生抖动。

(8) 丝杠 丝杠用于加工螺纹，螺纹的导程是由丝杠实现的。

(9) 光杠 用于正常加工时的进给。光杠用于不精确的传动，车床

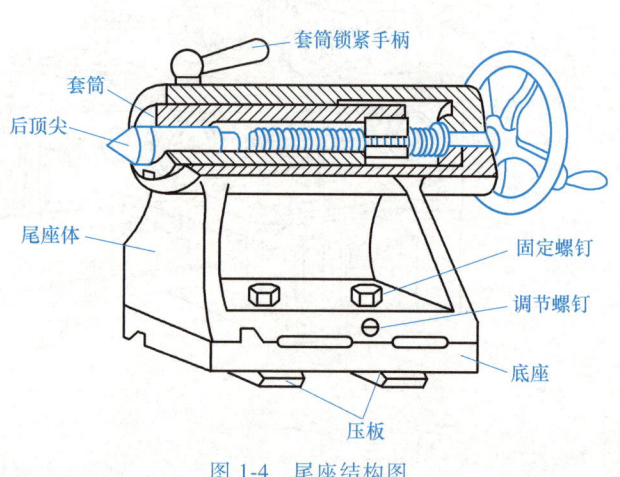

图1-4 尾座结构图

车外圆的时候，刀具移动速度不需要很精确。光杠与丝杠不能同时工作，因此车床设计有互锁机构，其主要作用是防止同时接通车床车螺纹进给、纵向机动进给以及横向机动进给，以免损坏机床。即当开合螺母合上时，机动进给不能接通；而当机动进给接通时，开合螺母不能闭合。

（10）操纵杆　操纵杆是车床的控制机构，在操纵杆左端和溜板箱右侧各装有一个手柄，两个手柄通过光杠下面的轴连接为一体，操作人员可以很方便地操纵手柄以控制车床主轴正转、反转或停车。

（11）进给箱　利用它内部的齿轮机构，可以把主轴的旋转运动传给光杠或丝杠。变换箱体外的手柄位置，可以使光杠或丝杠得到各种不同的转速。

（三）车床传动系统

车床传动系统如图1-5、图1-6所示，主运动是通过电动机驱动传动带，把运动输入到主轴箱，通过变速机构变速，使主轴得到不同的转速，再经卡盘（或夹具）带动工件旋转。

进给运动是由主轴箱把旋转运动输出到交换齿轮箱，再通过进给箱变速后由丝杠或光杠驱动溜板箱、大滑板、中滑板、刀架，从而控制车刀的运动轨迹，完成车削各种表面的工作。

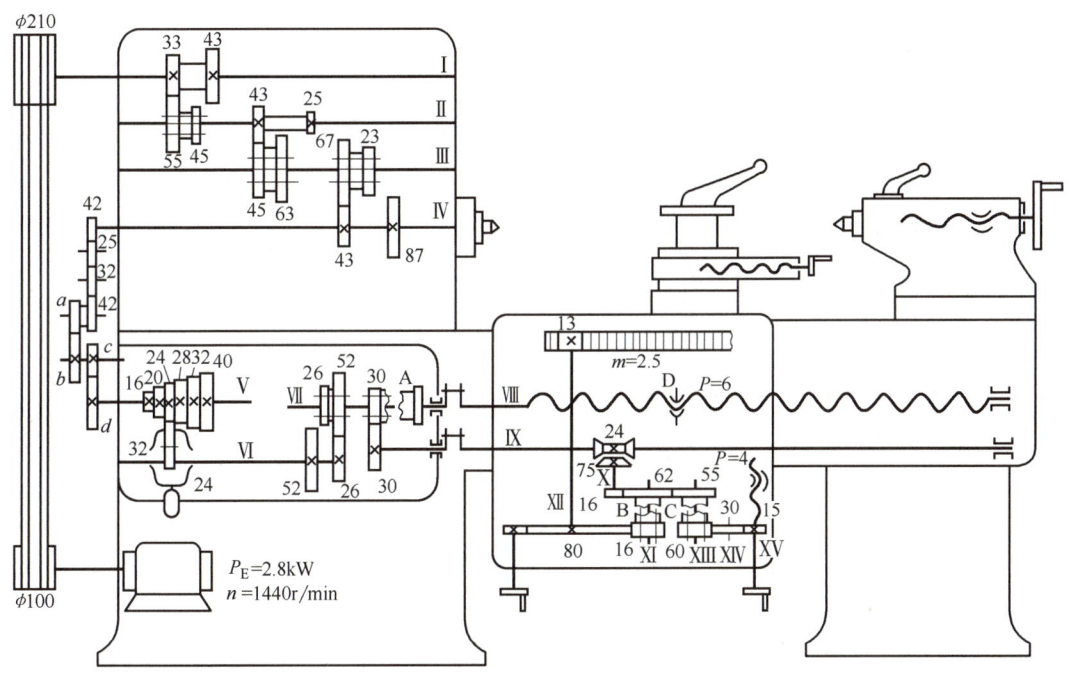

图1-5　车床传动示意图

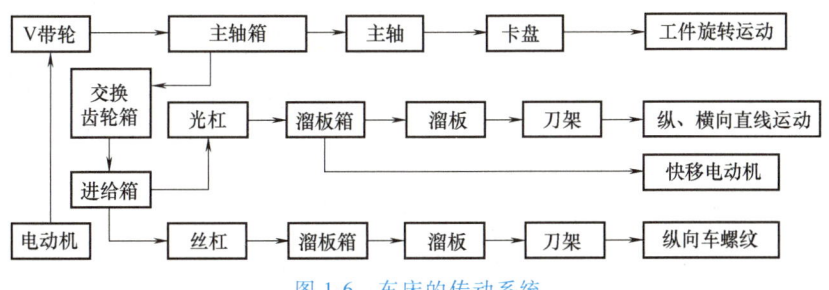

图1-6　车床的传动系统

(四)车削加工的特点与车削工艺范围

1. 车削加工的特点

(1) 车削加工效率高　车削具有比磨削更高的效率,车削往往采用大切削深度、高的工件转速,其金属切除率通常是磨削加工的数倍。车削加工时一次装夹可完成多种表面加工,而磨削则需要多次安装,因此车削加工辅助时间短且加工表面之间位置精度高。

(2) 设备投入成本低　在生产率相同时,车床投资明显优于磨床,其辅助系统费用也低。对于小批量生产,车削不需要特殊设备,而大批量加工高精度零件则需要刚性好、定位精度和重复定位精度高的数控车床。

(3) 适合小批量生产　柔性生产要求车床本身就是一种加工范围广的柔性加工单元,车床操控简便且车削装夹快速,能更好地适应柔性化生产要求。

(4) 车削可使零件获得良好的整体加工精度　车削中产生的大部分热量被切削液带走,不会产生表面烧伤和裂纹,具有优良的加工表面质量,有精确的加工圆度,能保证加工表面之间较高的位置精度。

2. 车削工艺范围

车床是一种用途极为广泛的金属切削通用机床,能够车削外圆柱面、内圆柱面、端面、螺纹、螺杆、切断、切槽以及车削成形表面等,并可以装上钻头或铰刀进行钻孔和铰孔等加工。常见的车削加工工艺如图1-7所示。

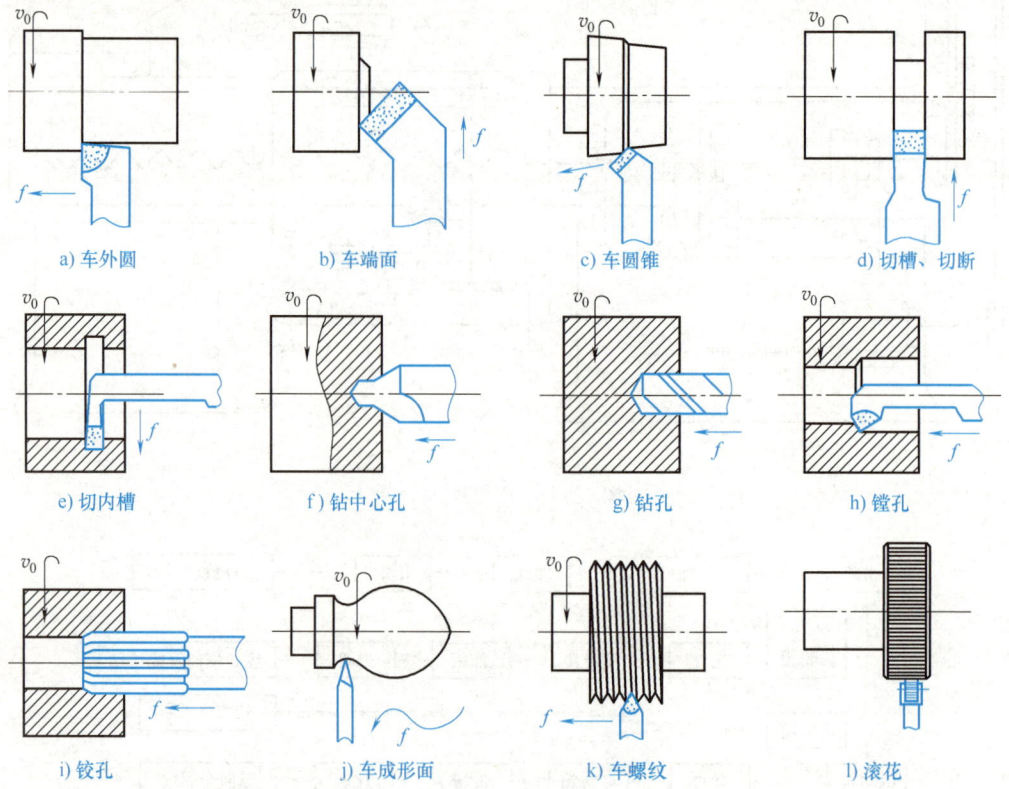

图1-7　常见车削加工工艺

（五）车床常用的夹具
1. 自定心卡盘

卡盘是机床上用来夹紧工件的机械装置。根据卡盘爪数不同，可以分为两爪卡盘、自定心卡盘、单动卡盘、六爪卡盘和特殊卡盘。根据使用动力不同，可以分为手动卡盘、气动卡盘、液压卡盘、电动卡盘和机械卡盘。根据结构不同，可以分为中空型和中实型。

自定心卡盘如图1-8所示，由卡盘体、小锥齿轮、大锥齿轮（另一端是平面螺纹）和三个卡爪组成。三个卡爪上有与平面螺纹相同的螺牙与之配合，三个卡爪在爪盘体的导槽中间隔120°均布。卡盘体的锥孔与车床主轴前端的外锥面配合，起对中作用，通过键来传递转矩，最后用螺母将卡盘体锁紧在主轴上。

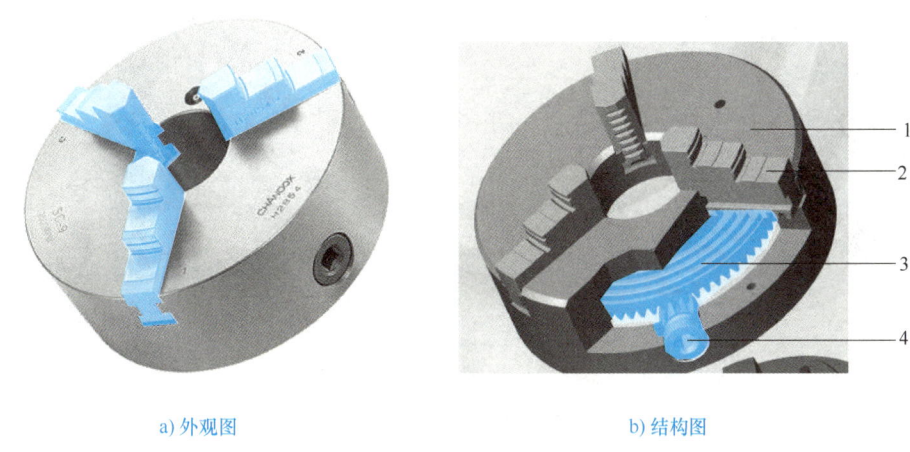

a) 外观图　　　　　　　　　　　　b) 结构图

图1-8　自定心卡盘

1—卡盘体　2—卡爪　3—大锥齿轮　4—小锥齿轮

当转动其中一个小锥齿轮时，即带动大锥齿轮转动，其上的平面螺纹又带动三个卡爪同时向中心或向外移动，从而实现自动定心。自定心卡盘定心精度为0.05~0.15mm。

三个卡爪有正爪和反爪之分，有的卡盘可将卡爪反装即成反爪，换上反爪即可安装较大直径的工件。当直径较小时，工件置于三个长爪之间装夹，如图1-9a所示；可将三个卡爪伸入工件内孔中，利用长爪的径向张力装夹盘、套、环状零件，如图1-9b所示；当工件直径较大，用正爪不便装夹时，可将三个正爪换成反爪进行装夹，如图1-9c所示；当工件长度大于4倍直径时，应在工件右端用尾座顶尖支承，如图1-9d所示。

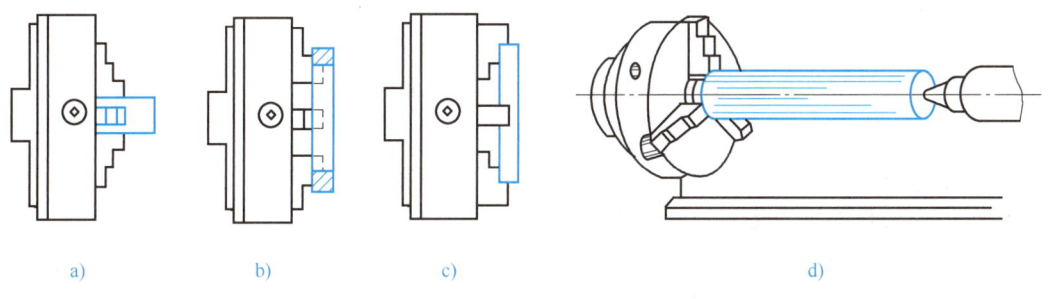

a)　　　　　　b)　　　　　　c)　　　　　　d)

图1-9　自定心卡盘安装工件示意图

2. 单动卡盘

单动卡盘是由一个卡盘体、四个丝杠、四个卡爪组成的，外观如图 1-10 所示。工作时四个丝杠分别带动四个卡爪，因此常见的单动卡盘没有自动定心的作用。

单动卡盘的特点是每一个卡爪都可单独移动，适用于夹持偏心零件和不规则形状零件。常用于卧式车床、经济型数控车床、磨床、铣床、钻床及机床附件（如分度头回转台）等。

3. 中心架

中心架（图 1-11）是车床的辅助支承夹具，不影响工件的定位，只起辅助支承作用。

图 1-10　单动卡盘

图 1-11　中心架

在车削长轴的端面、钻中心孔和车削较长套筒的内孔、内螺纹时，都可采取一端用卡盘夹持，另一端用中心架扶正的方法，这种方法应用范围较广。

（六）金属切削运动

在切削加工中，刀具与工件的相对运动，即表面成形运动，可分解为主运动和进给运动。

主运动是切下切屑所需的最基本的运动。在切削运动中，主运动的速度最高、消耗的功率最大。主运动只有一个，如车削时工件的旋转运动。使工件与刀具产生相对运动以进行切削的最基本运动称为主运动。

进给运动是多余材料不断被投入切削，从而加工完整表面所需的运动，进给运动可以有一个或几个。使主运动能够持续切除工件上多余的金属，以便形成工件表面所需的运动称为进给运动，如车削时车刀的纵向或横向运动。

（七）切削用量三要素

切削用量是反映切削运动的参数，它包括切削速度 v_c、进给量 f 和背吃刀量 a_p 三个要素。

粗车的目的是切光毛坯硬皮及大部分加工余量，使工件按图样要求大体成形。因此粗车采用较大的吃刀量、进给量和较低的转速。

精车的目的是使工件达到图样要求。因此选用较小的吃刀量、进给量和较高的转速。

1）切削速度（v_c）是指工件旋转及车刀刀尖切入工件后，单位时间内刀尖在工件表面上所行走的轨迹（螺旋线长），单位为 m/min。切削速度的计算公式为

$$v_c = \pi D n / 1000 \tag{1-1}$$

式中　D——工件待加工表面直径（mm）；

　　　n——工件转速（r/min）。

2）进给量（f）是指工件每转一转，车刀沿着进给方向移动的距离，单位为 mm/r。

3）背吃刀量（a_p）是指工件上待加工表面和已加工表面间的垂直距离，单位为 mm。在车削加工中，背吃刀量的计算公式为

$$a_p = (D-d)/2 \tag{1-2}$$

式中　D——工件待加工表面直径（mm）；

　　　d——工件已加工表面直径（mm）。

四、技能辅导

（一）车床的操作与调整方法

1. 主轴转速调整

操作方法：打开机床电源→观察主轴箱转速铭牌，选择转速→按转速铭牌指示调整变速手柄位置→按车床起动按钮→拉起车床操纵杆→观察车床主轴转动情况→拉下车床操纵杆至制动位置→按车床停止按钮→关闭机床电源。

车床操纵

2. 进给量调整

操作方法：观察进给量铭牌，选择进给量→按转速铭牌指示调整进给变换手柄位置→按车床起动按钮→拉起车床操纵杆→观察车床光杠转动情况→拉下车床操纵杆至制动位置→按车床停止按钮→关闭机床电源。

3. 自动走刀方向控制

操作方法：调整合适的主轴转速→调整合适的进给量→按车床起动按钮→拉起车床操纵杆→观察车床主轴和光杠转动情况→向左拨动自动走刀手柄→观察床鞍纵向走动情况→复位自动走刀手柄→向前拨动自动走刀手柄→观察刀架横向运动情况→复位自动走刀手柄→拉下车床操纵杆至制动位置→按车床停止按钮→关闭机床电源。

（二）车刀安装方法

车刀安装正确与否，直接影响切削能否顺利进行和工件的加工质量。即使刃磨出合理的车刀角度，如果安装得不正确，车刀切削时的工作角度也会发生变化，所以安装车刀时必须注意以下几点：

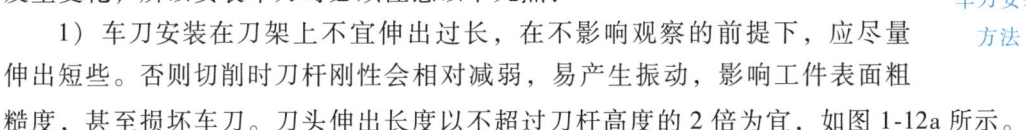

车刀安装方法

1）车刀安装在刀架上不宜伸出过长，在不影响观察的前提下，应尽量伸出短些。否则切削时刀杆刚性会相对减弱，易产生振动，影响工件表面粗糙度，甚至损坏车刀。刀头伸出长度以不超过刀杆高度的 2 倍为宜，如图 1-12a 所示。

2）车刀刀尖应安装得跟工件中心等高。车刀刀尖装得太高，会使车刀工作时的后角减小，车刀后面与工件之间的摩擦力增大，不利于切削，如图 1-12b 所示；车刀刀尖装得太低，会使车刀工作时的前角减小、后角增大，从而使刀尖、切削刃强度减弱，严重时会把工件扎起。

要使车刀刀尖对准工件中心，可采用下列方法：

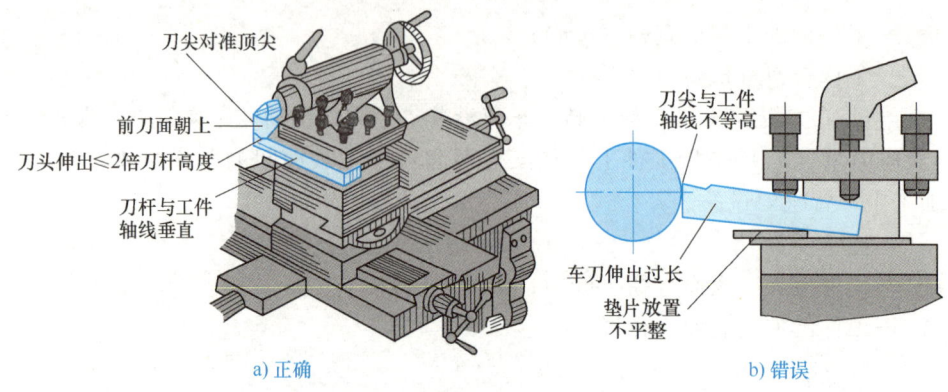

a) 正确　　　　　　　　　　b) 错误

图 1-12　外圆车刀的安装

1）按主轴中心高调整刀尖位置，并用钢直尺测量。
2）在尾座装上后顶尖，用车刀刀尖对准。
3）试切端面少许，把中心车平。

（三）工件安装与找正方法

1. 用顶尖安装车床工件

较长或加工工序较多的轴类工件，常采用两顶尖安装，如图1-13所示。工件装夹在前后顶尖之间，由卡箍、拨盘带动旋转。前顶尖装在主轴上，和主轴一起旋转。后顶尖装在尾座上固定不动，有时也可用鸡心夹头代替拨盘。

工件安装方法

由于后顶尖容易磨损，因此在工件转速较高的情况下，常采用回转顶尖，加工时回转顶尖与车床工件一起转动。

用顶尖安装工件前，要先车平工件的端面，用中心钻钻出中心孔，中心孔的轴线应与工件毛坯的轴线重合。中心孔的圆锥孔部分应光滑，因为中心孔的锥面部分是和顶尖锥面相配合的。中心孔的圆柱孔部分一是用来容纳润滑油；二是使顶尖尖端不与工件接触，保证工件和顶尖在锥面处配合良好。

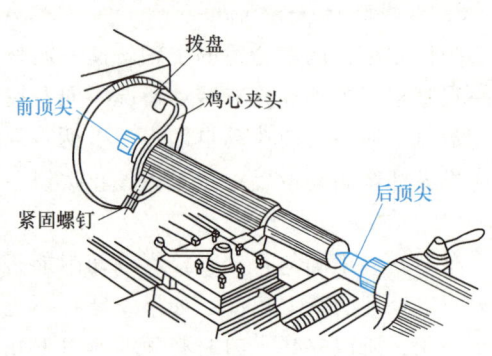

图 1-13　两顶尖安装工件

（1）顶尖安装工件步骤

1）在工件一端安装卡箍，先用手稍微拧紧卡箍螺钉。在工件的另一端中心孔里涂上润滑油。

2）将工件置于顶尖间，根据工件长短调整尾座位置，保证能让刀架移至车削行程的最右端，同时又要尽量使尾座套筒探出最短，然后将尾座固定。

3）转动尾座手轮，调节工件在顶尖间的松紧，使之既能自由旋转，又不会有轴向松动。调节完成后紧固尾座套筒。

4）将刀架移至车削行程最左端，用手转动拨盘及卡箍，检查是否会与刀架等碰撞。

5）拧紧卡箍螺钉。

（2）使用顶尖装夹工件的注意事项

1）前后顶尖应对准。若在水平面发生偏移，则工件轴线与刀架纵向移动的方向不平行，此时将车出圆锥体。为使两顶尖轴线重合，可横向调节尾座体。

2）中心孔必须平滑和清洁。

3）两顶尖与车床工件中心孔的配合不宜太松或太紧。如果配合太松，则工件定心不准，容易引起振动，甚至会发生工件飞出的危险。如果配合太紧，因锥面间摩擦增加，会将顶尖和中心孔磨损甚至烧坏。当切削用量较大时，工件因发热而伸长，在加工过程中还需将顶尖位置再做一次调整。

2. 一夹一顶安装工件

（1）一夹一顶安装工件方法的应用　在加工长度较长的工件时，如何保证工件夹紧不松动，在切削过程中不发生工件振动和变形，并保证加工精度，是加工过程中需要解决的问题。因此，在装夹长度较长的工件时，需要采用一夹一顶的装夹方案，如图1-14所示。

（2）一夹一顶的装夹方案　一夹一顶的装夹方案是指使用夹紧器将工件在一个位置固定，而在另一个位置上使用支承块来支承工件，以达到固定工件、减少工件变形和振动的目的，同时提高加工精度。

（3）一夹一顶装夹操作步骤

1）使用夹紧器将工件夹住，夹紧器和工件之间必须保持一定的夹紧力，并检查工件夹紧是否牢固。

2）在工件的另一个位置放置支承块，支承块必须与工件的支承面保持紧密接触，防止工件在切削过程中发生变形和振动。

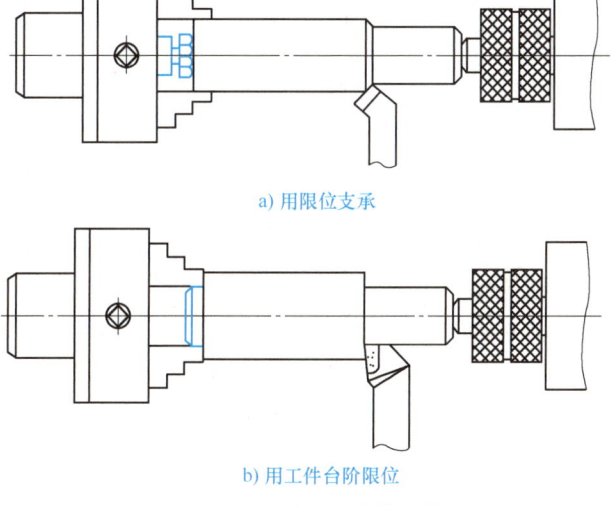

a) 用限位支承

b) 用工件台阶限位

图1-14　一夹一顶安装工件

3）对于一些长度较长的工件，还需要使用多个支承块来支承工件的不同部位，保证整个工件在加工过程中处于稳定状态。

4）检查装夹方案是否牢固，对夹紧力和支承块位置进行必要的调整，以确保工件在切削过程中不发生变形和振动，并保证加工精度。

3. 用自定心卡盘装夹工件

用自定心卡盘装夹工件时可按下列步骤进行：

1）把工件在卡爪间放正，然后轻轻夹紧。

2）开动机床，使主轴低速旋转，检查工件有无偏摆，若有偏摆应停车用小锤轻敲校正，然后紧固工件。注意，紧固完毕后必须及时取下扳手，以免开车时飞出，击伤人或机床。

3）移动车刀至车削行程的左端，用手旋转卡盘，检查刀架等是否与卡盘或工件碰撞。

4. 用单动卡盘安装工件

单动卡盘的找正的方法（图1-15）和步骤：

1）根据工件装夹处的尺寸调整卡爪，使其相对两爪的距离稍大于工件直径。卡爪位置是否与中心等距，可参考卡盘平面的多圈同心圆线。

2）工件夹住部分不宜太长，一般为10~15mm。

3）找正工件外圆时，先使划针尖（或百分表测头）靠近工件外圆表面，用手转动卡盘，观察工件表面与划针尖（或百分表测头）之间的间隙大小，然后根据间隙大小，调整相对卡爪位置，其调整量为间隙差值的一半。

4）找正工件平面时，先使划针尖（或百分表测头）靠近工件平面边缘处，用手转动卡盘，观察划针与工件表面之间的间隙。调整时可用铜锤或铜棒校正，调整量等于间隙差值。

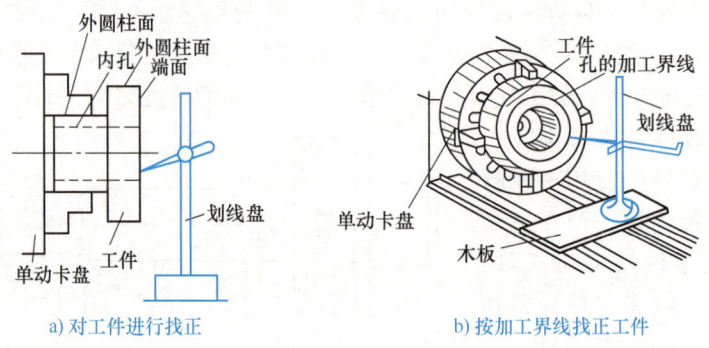

图1-15 单动卡盘找正工件示意图

（四）端面车削加工方法

1. 端面的车削方法

车端面时，刀具的主切削刃要与端面有一定的夹角。工件伸出卡盘外的部分应尽可能短。车削时用中拖板横向进给，进给次数根据加工余量而定，可采用自外向中心进给，也可以采用自圆中心向外进给的方法。具体车削方法和刀具选择如图1-16所示。

端面车削加工方法

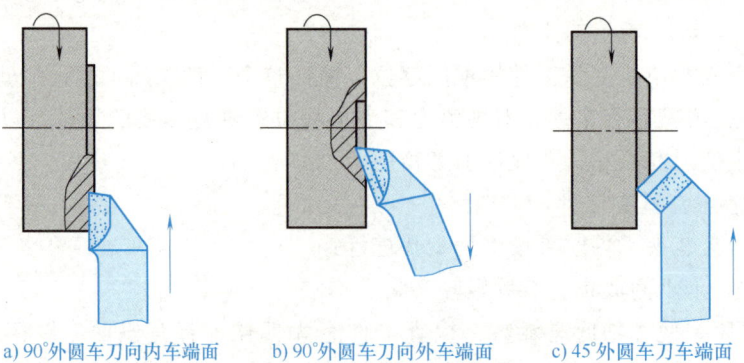

图1-16 车削端面

2. 车端面时的注意事项

1）车刀的刀尖应对准工件中心，以免车出的端面中心留有凸台。

2）偏刀车端面，当背吃刀量较大时，容易扎刀。背吃刀量 a_p 的选择：粗车时，a_p = 0.2~1mm；精车时，a_p = 0.05~0.2mm。

3）端面的直径从外到中心是变化的，切削速度也在改变，在计算切削速度时必须按端面的最大直径计算。

4）车直径较大的端面，若出现凹心或凸肚时，应检查车刀、方刀架以及大拖板是否锁紧。

3. 车端面的质量分析

1）端面不平，产生凸凹现象或端面中心留"小头"。可能的原因是车刀刃磨或安装不正确，刀尖没有对准工件中心，吃刀深度过大，车床有间隙导致拖板移动。

2）表面粗糙度差。可能的原因是车刀不锋利，手动进给摇动不均匀或太快，自动进给切削用量选择不当。

（五）外圆柱面车削加工方法

1. 选择车刀

车外圆柱面可用图 1-17 所示的各种车刀。直头车刀（尖刀）的形状简单，主要用于粗车外圆柱面；弯头车刀不但可以车外圆柱面，还可以车端面；加工台阶轴和细长轴则常用偏刀。

外圆车削加工方法

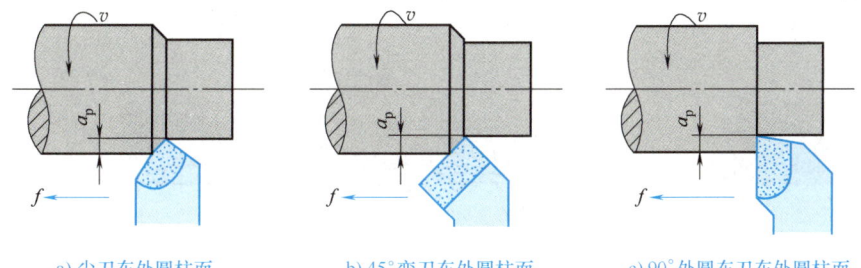

a）尖刀车外圆柱面　　b）45°弯刀车外圆柱面　　c）90°外圆车刀车外圆柱面

图 1-17　外圆柱面车削的几种情况

2. 选择切削用量

（1）选择切削速度　主轴的转速是根据切削速度计算选取的，而切削速度的选择则和工件材料、刀具材料以及工件加工精度有关。用高速钢车刀车削时，v = 0.3~1m/s，用硬质合金车刀车削时，v = 1~3m/s。车削高硬度钢时的转速比车削低硬度钢时的转速低一些。

根据选定的切削速度计算出车床主轴的转速，再对照车床主轴转速铭牌，选取车床上最接近计算值而偏小的一档，然后扳动手柄至相应档位即可。特别要注意的是，必须在停车状态下扳动手柄。

（2）选择进给量　进给量是根据工件加工要求确定的。粗车时，一般取 0.2~0.3mm/r；精车时，根据所需的表面粗糙度而定。例如表面粗糙度为 $Ra3.2\mu m$ 时，取 0.1~0.2mm/r；$Ra1.6\mu m$ 时，取 0.06~0.12mm/r。进给量的调整可对照车床进给量表扳动手柄位置，具体方法与调整主轴转速相似。

（3）选择背吃刀量　粗车的目的是尽快地切去多余的金属层，使工件接近于最后的形状和尺寸。粗车后应留下 0.5~1mm 的加工余量。精车是切去余下少量的金属层以获得零件图样所要求的精度和表面粗糙度，因此背吃刀量较小，一般为 0.2~0.5mm。

3. 车削方法

车削外圆柱面要先粗车后精车，为了保证加工的尺寸精度，应采用试切法车削。试切法的操作步骤如图 1-18 所示。

1）开车对刀，使车刀和工件表面轻微接触。
2）向右退出车刀。
3）按要求横向进给，进给量为计算的粗车（或精车）的背吃刀量 a_{p1}。
4）试切 1~3mm。
5）向右退出，停车测量。
6）调整切深至 a_{p2} 后，纵向进给到所需长度时，关停自动进给手柄，退出车刀，然后停车，检验。

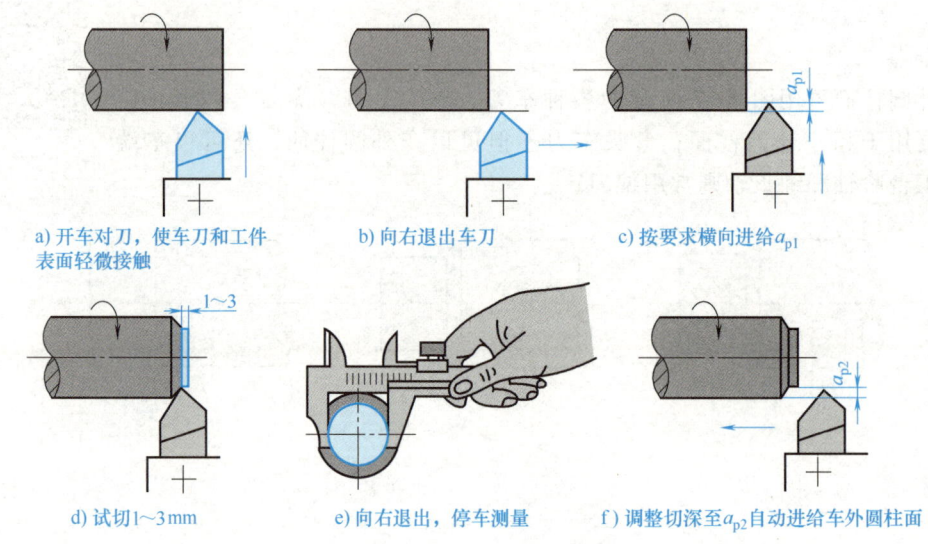

a) 开车对刀，使车刀和工件表面轻微接触　　b) 向右退出车刀　　c) 按要求横向进给 a_{p1}

d) 试切 1~3mm　　e) 向右退出，停车测量　　f) 调整切深至 a_{p2} 自动进给车外圆柱面

图 1-18　试切外圆柱面的步骤

4. 刻度盘的原理和应用

车削工件时，为了正确迅速地控制背吃刀量，可以利用中拖板上的刻度盘。中拖板刻度盘安装在中拖板丝杠上。当摇动中拖板手柄带动刻度盘转一周时，中拖板丝杠也转了一周。这时，固定在中拖板上与丝杠配合的螺母沿丝杠轴线方向移动了一个螺距。因此，安装在中拖板上的刀架也移动了一个螺距。如果中拖板丝杠螺距为 4mm，当手柄转一周时，刀架就横向移动 4mm。若刻度盘圆周上等分 200 格，则当刻度盘转过一格时，刀架就移动了 0.02mm。

使用中拖板刻度盘控制背吃刀量时应注意的事项：

1）由于丝杠和螺母之间有间隙存在，会产生空行程（即刻度盘转动，而刀架并未移动）。使用时必须慢慢地把刻度盘转到所需要的位置，如图 1-19a 所示。若不慎多转过几格，不能简单地退回几格，如图 1-19b 所示；必须向相反方向退回约一周后，再转到所需位置，如图 1-19c 所示。

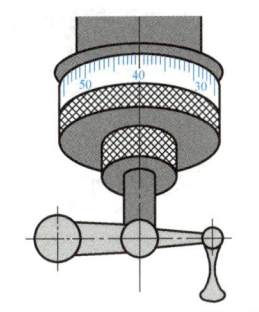 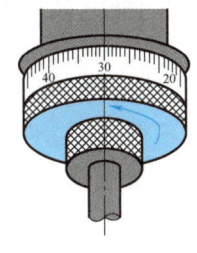 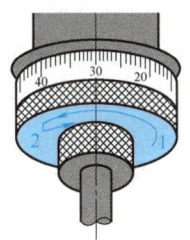

a）要求手柄转至30，但转过头成40　　b）错误：直接退至30　　c）正确：反转约一周后，再转至所需位置30

图 1-19　手柄摇过头后的纠正方法

2）由于工件是旋转的，使用中拖板刻度盘时，车刀横向进给后的切除量刚好是背吃刀量的两倍。因此要注意，当工件外圆柱面余量测得后，中拖板刻度盘控制的背吃刀量是外圆柱面余量的二分之一，而小拖板的刻度值，则直接表示工件长度方向的切除量。

5. 车外圆柱面时的质量分析

1）尺寸不正确。可能的原因是车削时粗心大意，看错尺寸；刻度盘计算错误或操作失误；测量时不仔细、不准确。

2）表面粗糙度不合要求。可能的原因是车刀刃磨角度不对；刀具安装不正确或刀具磨损，以及切削用量选择不当；车床各部分间隙过大。

3）外径有锥度。可能的原因是背吃刀量过大，刀具磨损；刀具或拖板松动；用小拖板车削时转盘下基准线没有对准"0"线；两顶尖车削时床尾"0"线不在轴线上；精车时加工余量不足。

（六）中心孔加工方法

1）根据图样的要求选择不同种类和不同规格的中心钻，一般 A 型中心孔可钻出 60°锥度的 1/3～2/3，B 型中心孔必须要将 120°的保护锥钻出。

2）钻中心孔时，由于在工件轴线上钻削，钻削线速度低，必须选用较高的转速，如 500～1000r/min 左右，进给量要小。

3）工件端面必须车平，不允许出现小凸头；尾座校正，以保证中心钻和工件轴线同轴。

4）中心钻起钻时，进给速度要慢，钻入工件时要加注切削液并及时退屑冷却。钻削到规定深度时，中心钻应在中心孔中停留 2～3s，然后退出，使中心孔光、圆、准确。

（七）退刀槽车削加工方法

1. 切断刀的安装

1）切断刀不宜伸出过长，同时切断刀中心线必须装得垂直于工件轴线，以保证两副偏角对称。

2）主切削刃应与工件中心等高，否则不能切到中心，而且容易崩刃甚至折断车刀。

切槽加工方法

3）切断刀的底面应平直（否则会使两副偏角不对称）。

2. 切断时的注意事项

1）切断带毛坯表面的工件前，最好先用外圆车刀把工件车圆，或开始时尽量减小进给量，以免造成"扎刀"现象而损坏车刀。

2）手动进给切断时，摇动手柄应连续、均匀，避免由于切断刀与工件表面摩擦，使工件表面产生冷硬现象而迅速磨损车刀。如不得不中途停车时，应先把切断刀退出再停车。

3）用卡盘装夹工件进行切断操作时，切断位置应尽可能靠近卡盘。否则容易引起振动，或使工件抬起压断切断刀。

4）切断由一夹一顶装夹工件时，工件不应完全切断，应卸下工件后再敲断。

5）切断时不能用两顶尖装夹工件。

3. 切槽的方法

车削宽度不大的沟槽，可以用刀头宽度等于槽宽的车刀一次直进车出。较宽的沟槽，可用切槽刀分几次进给来完成，先把槽的大部分余量车去，在槽的两侧和底部留出精车余量。最后根据槽的宽度和槽的位置进行精车。

4. 切断时常见的问题

（1）切断刀折断的原因

1）切断刀的角度刃磨得不正确，尤其是副偏角和副后角磨得太大，削弱了刀头强度，容易使切断刀折断；刀头磨得歪斜，也会使切断刀折断。

2）切断刀装得与工件轴线不垂直，或者没有对准工件旋转中心。

3）进给量太大。

4）切断刀前角太大，中拖板松动，容易扎刀。

（2）防止振动的措施

1）适当地增大前角，以减小切削阻力。

2）适当减小主切削刃宽度，主切削刃太宽易引起振动。

3）把车床主轴间隙、中拖板和小拖板间隙适当调小。

（3）切断和切沟槽时产生废品的原因及预防方法 见表1-5。

表1-5 切断和切沟槽时产生废品的原因及预防方法

废品种类	产生原因	预防方法
沟槽的宽度不正确	主切削刃宽度太宽或太窄	根据沟槽宽度刃磨刀头宽度
	测量不正确	仔细、正确测量
沟槽位置不对	测量和定位不正确	正确定位，并仔细测量
沟槽深度不正确	没有及时测量	切槽过程中及时测量
	尺寸计算错误	仔细计算尺寸，对留有磨削余量的工件，切槽时必须把磨削余量考虑进去
切下的工件长度不对	测量不正确	正确测量
切下的工件表面凹凸不平（尤其是薄工件）	切断刀强度不够，主切削刃不平直，切削时由于侧向切削力的作用使刀具偏斜，致使切下的工件凹凸不平	增加切断刀的强度，刃磨时必须使主切削刃平直

废品种类	产生原因	预防方法
切下的工件表面凹凸不平（尤其是薄工件）	刀尖圆弧刃磨或磨损不一致，使主切削刃受力不均而产生凹凸面	刃磨时保证两刀尖圆弧对称
	切断刀安装不正确	正确安装切断刀
	刀具角度刃磨不正确，两副偏角过大而且不对称，从而降低刀头强度，产生"让刀"现象	正确刃磨切断刀，保证两副偏角和副后角对称
表面粗糙度达不到要求	两副偏角太小，产生摩擦	正确选择两副偏角的数值
	切削速度选择不当，没有加切削液	选择适当的切削速度，并浇注切削液
	切削时产生振动	采取防振措施
	切屑拉毛已加工表面	控制切屑的形状和排出方向

（八）滚花加工

1. 滚花花纹的种类

滚花花纹一般有直纹和网纹两种，如图 1-20 所示，滚花的标注方法如下：

模数 $m = 0.3$mm 的直纹滚花；直纹　m0.3　GB/T 6403.3—2008

模数 $m = 0.4$mm 的网纹滚花；网纹　m0.4　GB/T 6403.3—2008

花纹零件加工工艺

滚花的花纹粗细根据工件直径和宽度大小来选择。工件直径和宽度大，应选择粗的花纹，反之，应选择细的花纹。模数 m 为 0.4mm 和 0.5mm 的滚花花纹是粗纹，模数 m 为 0.3mm 的滚花花纹是中纹，模数 m 为 0.2mm 的滚花花纹是细纹。

2. 滚花刀的种类

1）单轮滚花刀（图 1-21a），用于滚直纹。

2）双轮滚花刀（图 1-21b），用于滚网纹，两轮分别为左旋斜纹与右旋斜纹。

3）六轮滚花刀（图 1-21c），由三对粗细不等的斜纹轮装在同一特制的刀杆上组成。使用时可很方便地根据需要选用粗、中、细不同的节距，滚花刀纹轮的直径一般为 20~25mm。

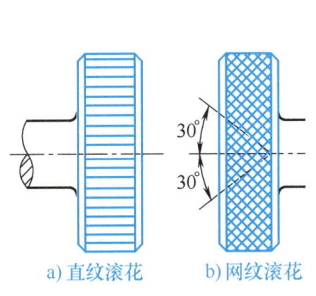

图 1-20　滚花花纹的种类

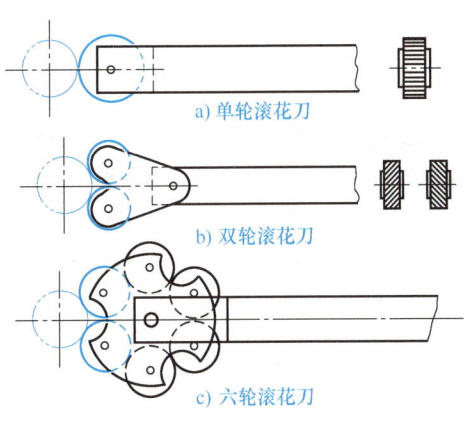

图 1-21　滚花刀的种类

3. 滚花的方法

1）根据花纹的粗细把滚花部分的直径车小 0.25~0.5mm。
2）选择较低的切削速度。
3）滚花刀径向挤压，将工件刻出花纹后再做纵向自动进给。
4）充分冷却润滑，主要是避免铁屑研坏滚花刀和防止铁屑滞塞而影响花纹的清晰度。

4. 滚花时产生乱纹的原因及预防方法

滚花操作不当时，很容易产生乱纹，乱纹的原因及预防方法见表 1-6。

表 1-6 滚花时产生乱纹的原因及预防方法

废品种类	产生原因	预防方法
乱纹	工件外径周长不能被滚花刀节距除尽	可把外圆略车小一些
	滚花开始时，吃刀压力太小，或滚花刀跟工件接触面过大	开始滚花时就要使用较大的压力，把滚花刀偏转一个很小的角度
	滚花刀转动不灵，或滚花刀跟刀杆小轴配合间隙太大	检查原因或调换小轴
	工件转速太高，滚花刀跟工件表面产生滑动	降低转速
	滚花前没有清除滚花刀中的细屑，或滚花刀齿部磨损	清除细屑或更换滚轮

（九）车床套螺纹

1. 套螺纹用的工具

套螺纹用的工具为板牙，如图 1-22 所示。

车床套螺纹的方法

2. 套螺纹前圆杆直径的确定

套螺纹时，金属材料因受板牙的挤压而产生变形，牙顶将被挤得高一些，所以套螺纹前，圆杆直径应稍小于螺纹大径。圆杆直径的计算公式为

$$d_{杆} = d - 0.13P \tag{1-3}$$

式中　$d_{杆}$——套螺纹前圆杆直径（mm）；
　　　d——螺纹大径（mm）；
　　　P——螺距（mm）。

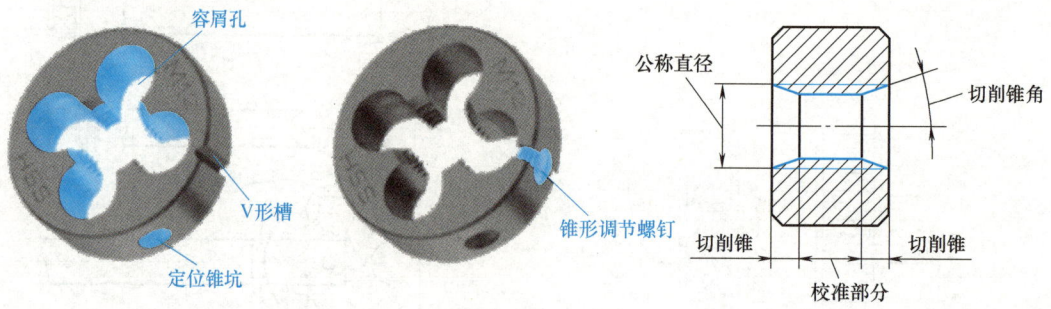

图 1-22　板牙

3. 在车床上套螺纹的操作要点

1）套螺纹前应将圆杆端部倒成锥半角为 15°~20° 的锥体，锥体的最小直径要比螺纹小

径小。

2）为了使板牙切入工件，要在转动板牙时施加轴向压力，待板牙切入工件后不再施压。

3）切入 1~2 圈时，要注意检查板牙的端面与圆杆轴线的垂直度。

4）套螺纹至所需长度时注意机床主轴及时反转退刀，加工时合理选用切削液。

（十）工件质量检测量具使用方法

游标卡尺在机械生产中应用十分广泛，它可以直接测量工件的内外直径、长度、宽度和深度等尺寸。游标卡尺的分度值一般有 0.02mm、0.05mm 两种。常用的规格主要有 0~125mm、0~200mm、0~300mm、0~500mm 等。

游标卡尺的读数与使用

1. 游标卡尺的结构分类

（1）两用游标卡尺　如图 1-23 所示，两用游标卡尺主要由尺身 3 和游标 5 组成。旋松固定游标用的制动螺钉 4 即可移动游标，调节内、外量爪进行测量。外量爪 1 用来测量工件的外径和长度，内量爪 2 用来测量工件的孔径和槽宽。深度尺 6 可用来测量工件的深度和台阶的长度。

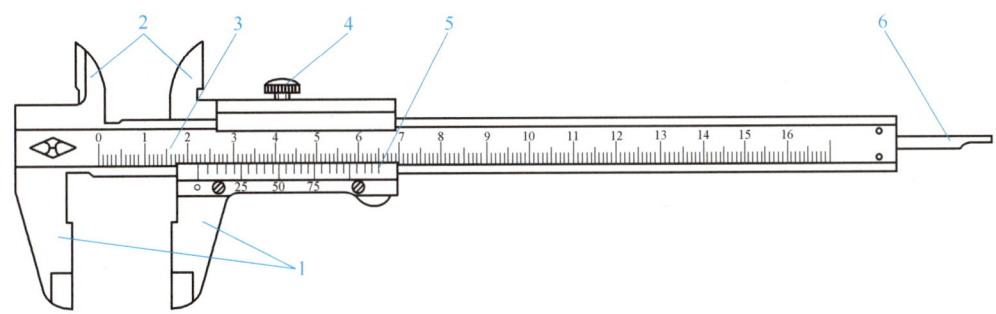

图 1-23　两用游标卡尺

1—外量爪　2—内量爪　3—尺身　4—制动螺钉　5—游标　6—深度尺

（2）双面游标卡尺　如图 1-24 所示，双面游标卡尺的结构与两用游标卡尺相比，在游标 3 上增加了微调装置 5。拧紧固定微调装置的制动螺钉 4，松开制动螺钉 2，用手指转动螺母 6，通过小螺杆 7 即可微调游标。上量爪 1 用来测量外沟槽宽及孔距，内、外量爪 8 用来测量工件的外径和孔径。测量孔径时，游标卡尺的读数必须加内、外爪的厚度 b（通常 $b=10mm$）。

测量前先检查并校对零线。测量时移动游标并使量爪与工件被测表面保持良好接触，取得尺寸后，把制动螺钉 4 旋紧再读数，以防尺寸变动，使得读数不准。

2. 游标卡尺的识读

读数前应明确所用游标卡尺的分度值。读数时，首先读出游标零线左边在尺身上的整数毫米值；接着，在游标卡尺上找到与尺身刻线对齐的刻线，在游标的刻度尺上读出小数毫米值；然后将上面两项加起来，即为被测表面的实际尺寸。

例如：

图 1-25a 所示的读数值为 0mm+0.22mm=0.22mm。

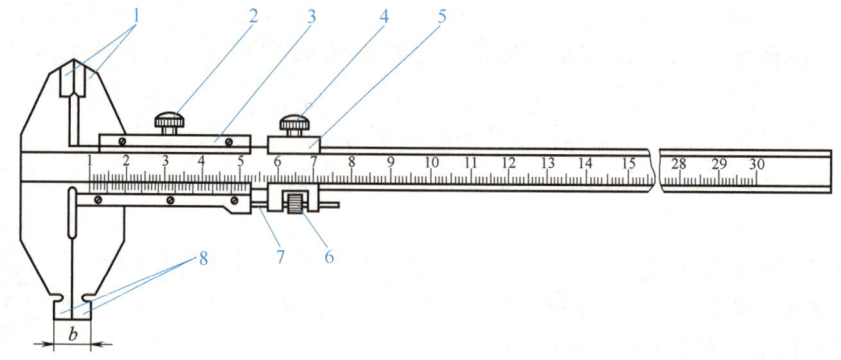

图 1-24 双面游标卡尺

1—上量爪 2、4—制动螺钉 3—游标 5—微调装置 6—螺母 7—小螺杆 8—内、外量爪

图 1-25b 所示的读数值为 60mm+0.48mm=60.48mm。

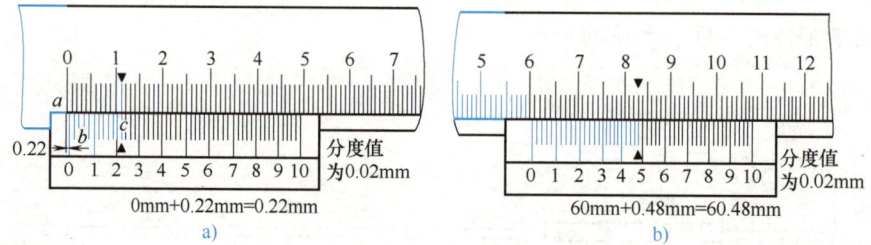

a)

b)

图 1-25 游标卡尺结构和读数原理

3. 游标卡尺的使用方法

游标卡尺可用于测量工件的外径、长度、深度、内径和宽度，使用方法如图 1-26 所示。

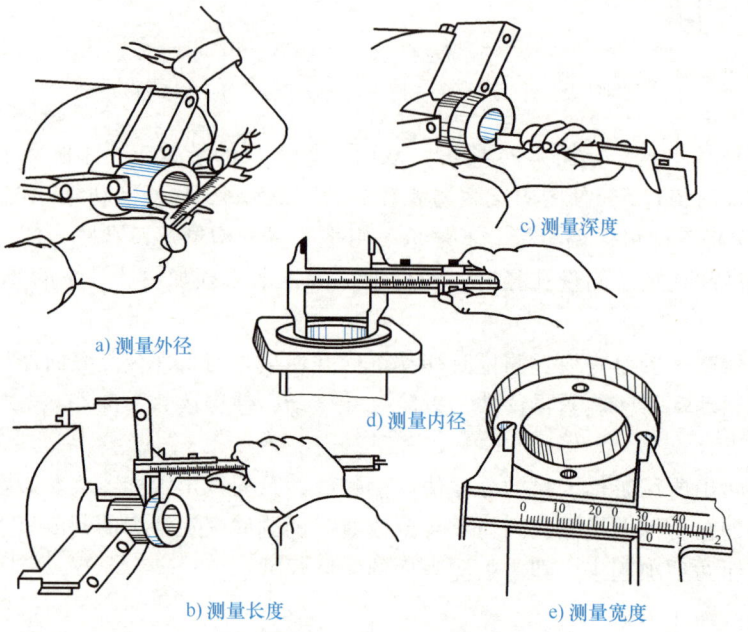

a) 测量外径 b) 测量长度 c) 测量深度 d) 测量内径 e) 测量宽度

图 1-26 游标卡尺的使用方法

4. 其他游标卡尺

（1）游标深度卡尺　游标深度卡尺用来测量孔的深度、台阶的高低和槽的深度，它的刻线原理和读法与普通游标卡尺完全相同，如图 1-27 所示。使用时，尺架贴住工件平面，将尺身插到底部，把螺钉紧固后再看尺寸。

（2）游标高度卡尺　如图 1-28 所示，游标高度卡尺可以用来测量工件高度和划线，其刻线原理和读法与普通游标卡尺相同。

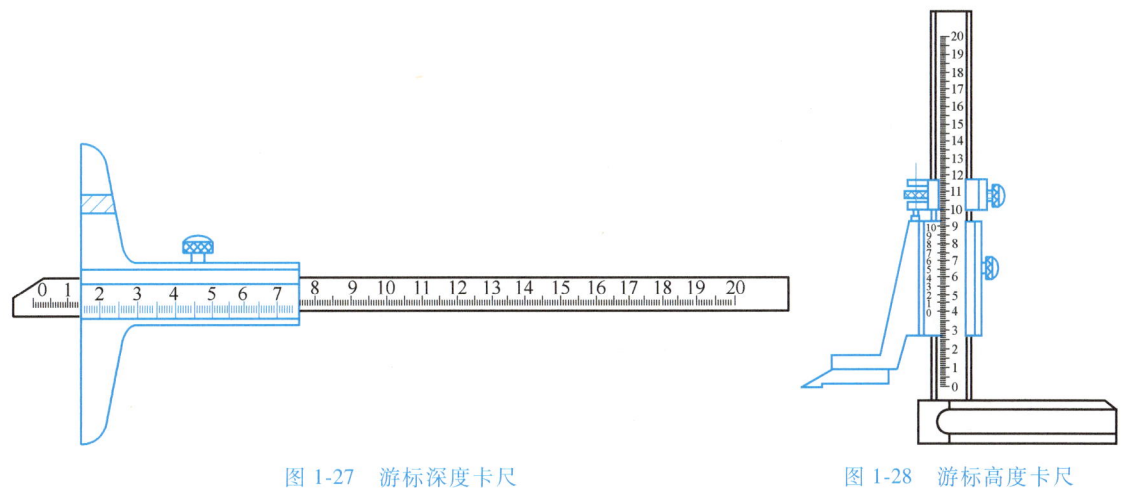

图 1-27　游标深度卡尺　　　　　　　　图 1-28　游标高度卡尺

五、匠心讲堂

打破西方技术垄断的普通车工——洪家光

洪家光，1978 年出生于一个普通的农民家庭。由于家里经济条件困难，家里无法支持他上高中、考大学，初中毕业后他就进入了黎明技校学习。在校期间，他学习刻苦，毕业后以全校第一的成绩被分配到中航工业沈阳黎明航空发动机（集团）有限公司 58 车间，开启了自己的车工生涯。在工作中他非常努力，经常加班、学习、实践，一年比别人多做 3000 多工时。洪家光爱钻研，他屡次攻克生产难题，20 年间攻克 564 项生产难题，实现成果转化 63 项，创新技术 84 项，个人拥有 7 项国家专利，团队拥有 30 项国家专利。2003 年，他攻克涡轮叶盘加工工装制造技术难题，直接打破了国外的技术垄断，该技术使工件生产工序减少 40%，生产周期缩短了 50%，为企业节省成本 600 多万元。在自己努力的同时，他还传艺育人，先后教授出 13 名徒弟，其中高级工 7 名，技师 2 名，高级技师 4 名，还有 1 人获得"振兴杯"全国青年职业技能大赛第一名。由于表现杰出，洪家光于 2021 年获得"大国工匠"称号，2023 年获得全国五一劳动奖章。

手柄加工任务书

班级：_____ 姓名：_____ 学号：_____

一、任务相关问题

1. 公差等级为 IT7～IT10 的回转零件表面一般可以选择哪些加工方式？
_____
_____
_____
_____
_____

2. 车削加工有哪些工件安装方法？
_____
_____
_____
_____
_____

3. 安装车刀时要注意哪些问题？
_____
_____
_____
_____
_____

4. 车削外圆柱面时应如何选择切削用量？
_____
_____
_____
_____
_____

二、任务计划与讨论决策

小组讨论制订手柄加工计划，并填写表 1-7。

表 1-7　手柄加工计划表

选择机床型号		工件安装方式	
加工刀具		所需工具	
加工步骤			切削用量选择
1.			
2.			
3.			
4.			
5.			
6.			
7.			
8.			
9.			
10.			

三、任务实施记录

小组完成手柄加工，并记录加工过程，填写表 1-8。

表 1-8　手柄加工过程记录表

序号	项目	完成情况和存在问题
1		
2		
3		
4		
5		
6		
7		
8		
9		
10		

四、检查与评价

对加工完成的手柄进行自评、小组互评和教师评价,并将评价结果填入表1-9。

表 1-9　手柄加工质量评价表

序号	项目	配分	评分标准	自评结果 30%	小组互评 30%	教师评价 40%
1	ϕ14js12	15	尺寸每超差0.02mm扣1分,扣完为止			
2	180js14	15	尺寸每超差0.02mm扣1分,扣完为止			
3	5×1	5	宽度不合格扣2分,深度不合格扣3分			
4	M10-6e	25	大径不合格扣5分,螺纹加工其他质量问题酌情扣分			
5	网纹 $m0.3$	20	质量问题酌情扣分			
6	C1 二处	10	每处不合格扣5分			
7	$Ra3.2\mu m$ 二处	10	每处不合格扣5分			
	合计	100				

五、总结与反思

_____
_____
_____
_____
_____

任务二　锤 头 加 工

一、工作任务

铣削加工图 1-29 所示锤头零件。

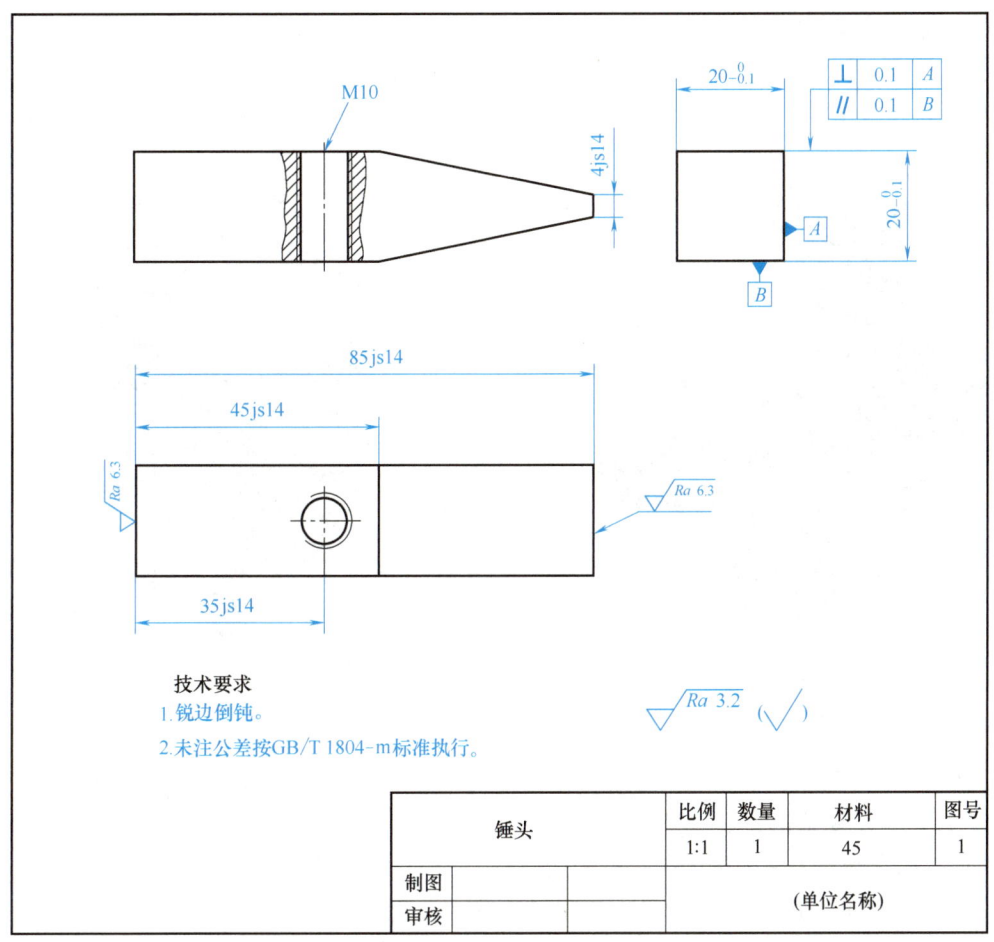

图 1-29　锤头

二、任务分析

锤头材料为 45 钢，主要加工工艺有铣平面、划线、钻孔、攻螺纹、铣斜面。螺纹孔 M10 与手柄零件的外螺纹部分相配合，锤头结构呈对称样式，根据图示工件尺寸精度要求选择合适的工艺完成任务。

三、知识链接

（一）铣床介绍

铣床是一种广泛应用于机械制造的机床，以铣刀的旋转运动作为主运动，同时辅以工件或铣头的进给运动,从而实现对工件的切削加工。铣床的种类很多,随着现代化的机械加工不断发展,为适应各种加工需要,铣床的种类也在不断变化。目前常见的铣床有卧式铣床、立式铣床、工具铣床、龙门铣床、仿形铣床和数控铣床等。

1. 常见铣床及特征和型号

卧式万能铣床的主要特征是铣床主轴轴线平行于工作台台面。在纵向工作台与横向床鞍之间装有带刻度的回转盘,可把纵向工作台在±45°范围内扳动角度。有这种装置的称为卧式万能铣床,没有的则称为卧式铣床(图1-30)。

立式铣床(图1-31)的主要特征是铣床主轴轴线垂直于工作台台面,其铣头和床身分成两部分,在使用时,可扳转铣头获得加工所需的角度。铣头扳转角度范围为±45°之间。

图1-30 卧式铣床

图1-31 立式铣床

2. 铣床主要结构

在此以X5032型立式升降台铣床为例介绍铣床主要结构。X5032型立式升降台铣床如图1-32所示,主要结构如下:

1)机床底座。为整个机床提供稳固的基础,并通过紧固螺钉连接机床床身。

2)机床床身。箱型结构的铸件,内部合理布局,增强了刚性。它是立铣头、升降台等的支承部分。床身后侧装置主电动机,内部安装主传动系统,同时也作润滑油储存槽。中部左右两侧开有两方形窗口,左边装置主传动变速箱,右边作检查调整用。下部左右两侧为安装电气设备的壁龛,壁龛的门上设有密封装置。

3)机床升降台。它可以让机床在加工工作时上、下升降,配合工作台上的工件以及刀具的相互作用来完成工件的加工操作。

4)机床工作台。主要用于放置需要加工的工件。

5)立铣头。安装加工刀具,从而完成对工件的加工。

6)进给传动部件。为加工工件时的不同加工需求提供动力。

7)主传动及变速部件。传递动力和转矩,并调整输出转速。

8)电气部件。实现电气控制,为机床供电。

此外，还有其他部件，如冷却泵、切削液箱等，也为铣床的正常运行提供了必要条件。

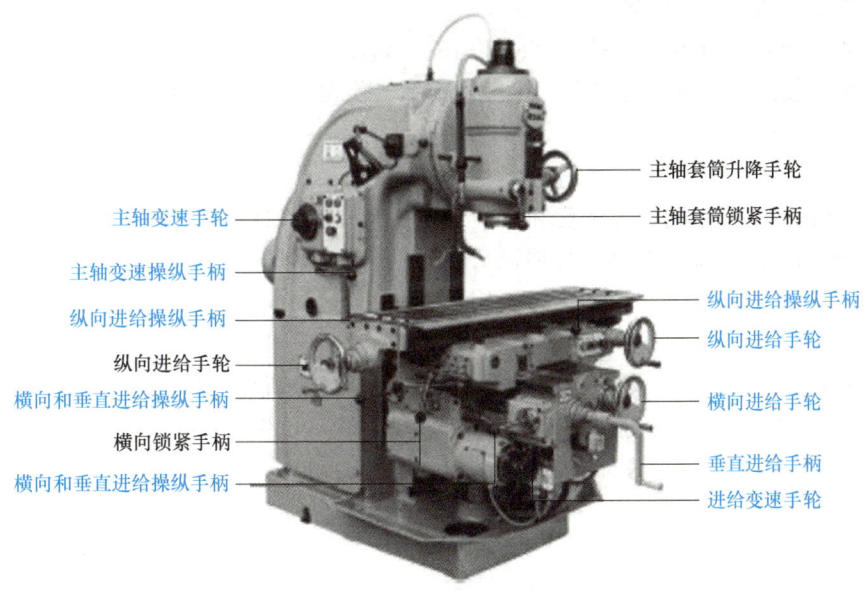

图 1-32　X5032 型立式升降台铣床结构

（二）铣削加工工艺范围

如图 1-33 所示，铣削加工范围很广，主要可以加工：

1）平面、斜面、阶台、沟槽、键槽。

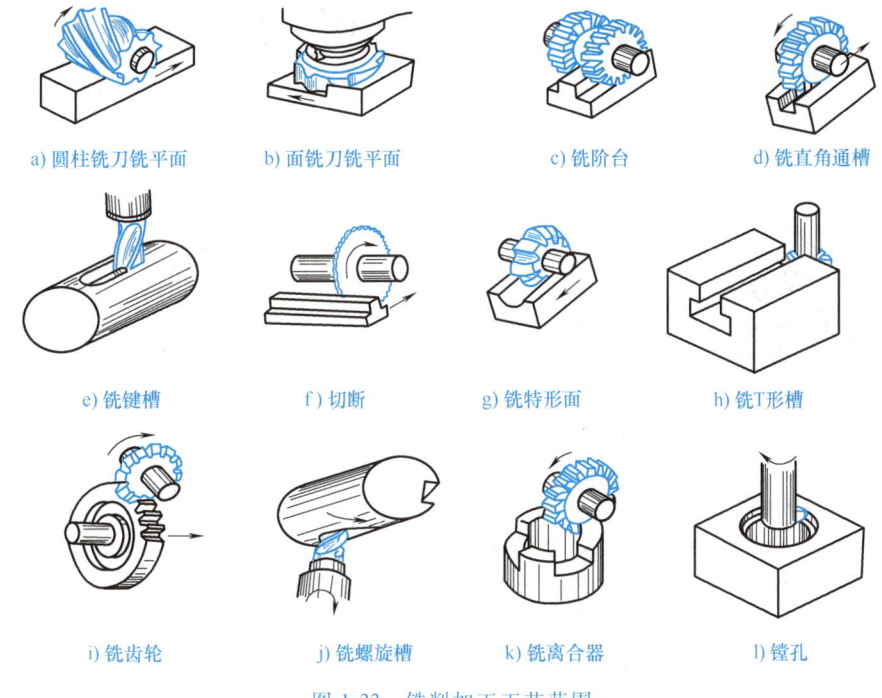

图 1-33　铣削加工工艺范围

2）多面体、回转体、曲线体。

3）外花键、离合器、凸轮。

4）齿条、齿轮（直齿轮、斜齿轮、锥齿轮、蜗轮）。

5）扩大其使用时，可以铣代车、代刨、代钻、代镗、代磨等工作。

（三）铣刀简介

1. 铣刀材料

铣刀的材料要有一定的高温硬度和韧性，还要具有较高的耐磨性和强度。常用铣刀材料有高速工具钢和硬质合金。高速工具钢包括普通高速工具钢和特殊用途高速工具钢等。常用硬质合金有钨钴类硬质合金和钨钛钴类硬质合金。

2. 铣刀种类

如图 1-34 所示，铣刀是成形的多切削刃的刀具，其切削刃主要均匀分布在圆周上，切削性能良好，生产效率高。铣刀结构较为复杂，在制造和刃磨时较困难，成本高。为了满足不同形面加工的需要，铣刀的种类很多，按照其加工用途可分为带柄铣刀和有孔铣刀两大类。

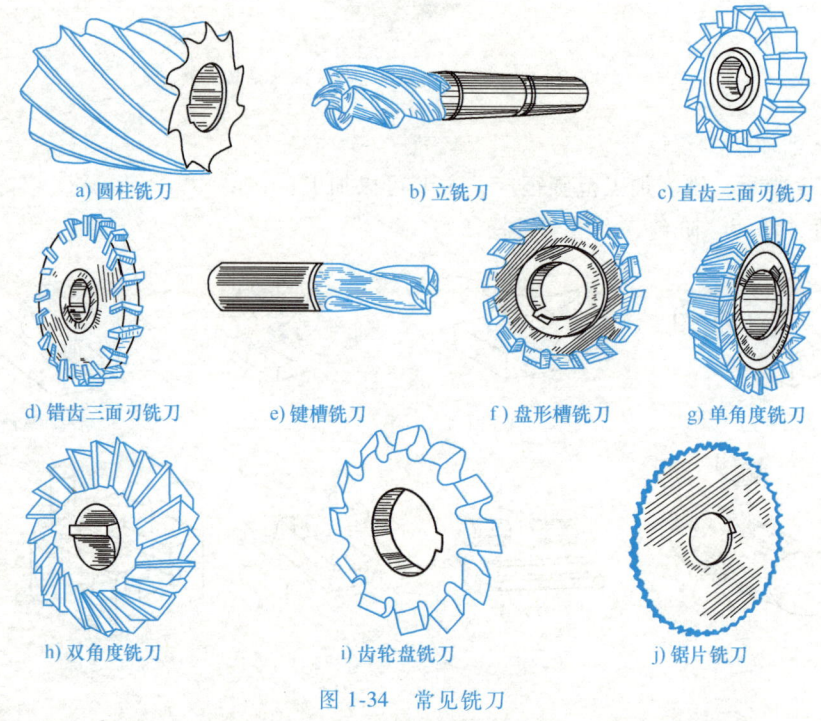

图 1-34 常见铣刀

带柄铣刀又分为直柄铣刀和锥柄铣刀。

1）直柄铣刀。直柄铣刀相当于一把带柄的圆柱铣刀，主要切削刃均匀分布在圆周上，担任主要切削作用，而端面刃则起修光的作用。利用这种铣刀可以加工开口槽、半封闭槽、封闭槽等。

2）锥柄铣刀。为了增强刚性，把刀杆制成锥柄，即锥柄铣刀。其切削刃结构和直柄铣刀相同，可用来加工沟槽、阶台、小平面等。

常见的有孔铣刀有以下几种：

1）圆盘铣刀的直径大小不一，圆周和侧面均有切削刃，也称三面刃铣刀，可用来加工沟槽、阶台等。

2）锯片铣刀的直径大而厚度较小，一般厚度小于5mm，圆周侧面无刀口，只用于加工宽度很小的槽和割断分节工件。

3）圆柱铣刀，主要用来加工平面，在卧式铣床上安装使用。它的圆周切削刃承担主要切削工作，刀齿做成螺旋形。

4）面铣刀，在卧式铣床或立式铣床上均可使用。它主要以排列在刀体端面上的切削刃（常用硬质合金）进行切削。这种铣刀刀杆部分很短，故常用于高速切削，可获得较好的表面粗糙度，生产效率高。

5）成形铣刀，主要用来加工成形面。其切削刃是一条曲线，形状与加工表面对应，常见的成形铣刀有圆弧铣刀和齿轮铣刀（渐开线），分别用于加工凹凸面和齿轮。

6）角度铣刀，主要用于加工角度槽和斜面，如棘轮、燕尾槽、斜面等。角度铣刀有单角面、双面、对称角度和不对称角度。

（四）铣床夹具

铣床夹具是一种专门用于夹持铣床工件的装置，其主要作用是将工件固定在铣床上，以便进行各种加工操作。这种夹具通常由多个部件组成，包括夹具本体、夹具底座、夹具钢套、夹具压板等，这些部件通过紧固螺栓或手轮等方式连接在一起，从而实现对工件的夹持和固定。铣床夹具的设计和使用对于保证加工精度和提高生产率具有重要意义。通过夹具的精确定位和夹持，可以确保工件在加工过程中的稳定性和精度，减小工件因振动或移动而产生的误差。使用夹具可以大大提高生产率，因为它可以快速地固定和释放工件，减少了操作人员的劳动强度和加工时间。

按铣削时的进给方式，铣床夹具可以分为直线进给式和圆周进给式。直线进给式夹具安装在铣床工作台上，加工中随工作台按直线进给方式运动，其典型代表为机用虎钳以及压板。圆周进给式夹具则多用在有回转工作台或回转鼓轮的铣床上，依靠回转工作台或鼓轮的旋转将工件顺序送入铣床的加工区域。这类夹具的典型代表为万能分度头和回转工作台。

由于铣削加工的切削用量及切削力较大，又是多刃断续切削，加工时易产生振动，因此，铣床夹具具有以下特点：

1）铣床夹具要有足够的夹紧力，并且具有反行程自锁功能和较高的抗振性。

2）铣床夹具要有足够的强度和刚度，对于重型铣床夹具，夹具体两端要有吊装孔或吊环等，以便搬运。

3）铣床夹具的安装要准确可靠，即安装及加工时要正确使用定向键、对刀装置等。

1. 机用虎钳

机用虎钳是一种通用夹具，常用于安装小型工件。它是铣床、钻床的随机附件，将其固定在机床工作台上，用来夹持工件进行切削加工。其结构比较简单，应用范围也比较广泛。在铣床、磨床、钻床上用以夹持工件。机用虎钳结构图如图1-35所示。

机用虎钳由固定钳座6、护口板4、活动钳口1、螺杆8和传动螺母7等零件组成。当用扳手转动螺杆时，由于螺杆的左边用开口销卡住，使得它只能在固定钳座6的两圆柱孔中转

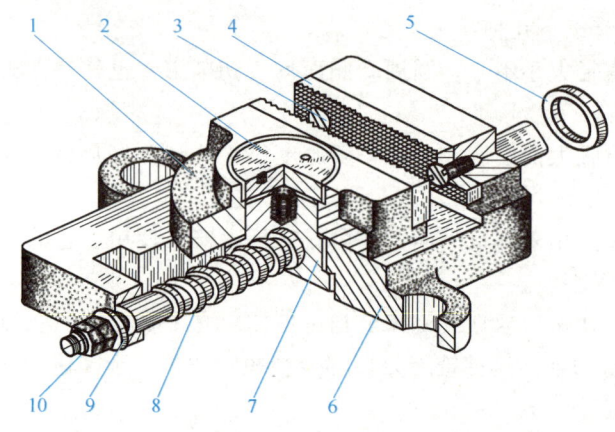

图 1-35 机用虎钳结构图

1—活动钳口 2—支承帽 3—螺钉 4—护口板 5—垫圈 6—固定钳座
7—传动螺母 8—螺杆 9—垫片 10—固定螺母

动,而不能沿轴向移动,这时螺杆8就带动传动螺母7,使得活动钳口1沿固定钳座6的腔做直线运动。传动螺母7与活动钳口1用支承帽2下的螺钉连接成整体,从而使钳口闭合或放开,便于夹紧和卸下工件。其中固定钳座6在装配中起支承护口板4、活动钳口1、螺杆8和传动螺母7等零件的作用,螺杆8与固定钳座6的配合关系为间隙配合。活动钳口1和传动螺母7的配合关系也是间隙配合。

(1) 机用虎钳的安装
1) 擦净钳体底座表面和铣床工作台表面。
2) 将底座上的定位键放入工作台中央的T形槽内。
3) 上紧T形螺栓上的螺母。

平口钳安装

(2) 机用虎钳的找正 找正的目的是保证工件加工精度,保证加工面相对其他基准面的位置精度(垂直度、平行度和倾斜度等),以及与基准面间的尺寸精度要求。找正主要找正的是机用虎钳的固定钳口面。找正主要包括两个方向,一是找正固定钳口面与铣床工作台面垂直,二是找正固定钳口面与工作台纵向或横向平行。校正机用虎钳的固定钳口面与铣床纵向工作台进给方向的平行度误差在0.05mm以内。找正具体流程如下:

平口钳的找正

1) 利用划线盘或找一个大头针对机用虎钳进行粗找正。在划线盘或大头针的针尖处抹点润滑脂,然后将机用虎钳的固定钳口面靠向划针或大头针的尖部,使针尖离固定钳口1mm左右,然后用手慢慢摇动纵向工作台,注意观察针尖和固定钳口面之间的距离是否均匀,如果不均匀,松开机用虎钳两侧的紧固螺钉进行调整,调整缝隙直到较均匀为止。

2) 利用百分表精确找正。校正时,将磁性表座吸在横梁导轨面上或立铣头主轴部分,安装百分表,使表的测量杆与固定钳口面垂直,测头触到固定钳口面,测量杆压缩量为0.3~0.5mm,纵向移动工作台,观察百分表读数,在固定钳口全长内一致,则固定钳口面与工作台进给方向平行,这样才能在加工时获得较好的位置精度。

3) 固定钳口面与工作台进给方向平行校正好后,用相同的方法,升降工作台,校正固定钳口面和工作台平面的垂直度。

2. 压板

压板是用于铣床加工的一种重要夹具，主要用于固定和夹紧工件，以确保工件在加工过程中的稳定性和精度。铣床压板通常具有较大的接触面积和足够的刚度，能够承受铣削时产生的切削力和振动。铣床压板通常由压板本体、螺栓和螺母等部件组成，如图1-36所示。

压板材料的选择较为重要，若材料较硬，会损伤工件。若材料较软，压板靠近通孔处往往会出现变形或破损。压板的材料应根据所需加工工件的力学性能来确定。对于普通零件，可选用Q235制造。这种材料强度相对较低，不会损伤工件，而且价格便宜，但压板磨损相对严重。对于性能要求较高的零件，压板可选用45钢来制造。45钢强度高，塑性和韧性适中，有利于工件加工，应用范围最广。对于偏硬的工件，需要强度高的压板材料，可选用40Cr。40Cr虽然强度高，但塑性差，容易发生脆性断裂，而且价格偏高。综合来看，用45钢制造压板性价比最高。为了更好地满足加工需求，通常对45钢制造的压板进行热处理。普通的应用场合，正火处理

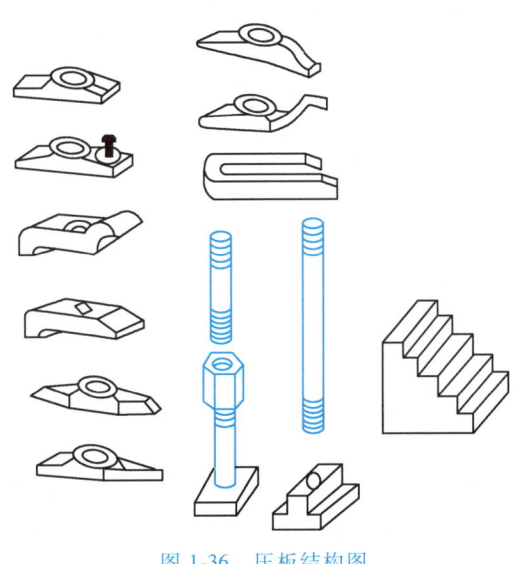

图1-36 压板结构图

即可满足要求。要想获取更好的韧性，可选择淬火+低温回火的热处理方式。通过热处理，可以让压板在保持高硬度和耐磨性的同时，降低残余应力和脆性，改善开口处的应力集中，降低使用过程中发生破损、缺陷的概率。

3. 万能分度头

万能分度头是铣床的重要附件之一。

（1）万能分度头的作用

1）用各种分度方法（简单分度、复式分度、差动分度）完成分度工作。

2）把工件安装成加工所需的角度，以便进行切削加工（如铣斜面等）。

3）铣螺旋槽时，将万能分度头交换齿轮轴与铣床纵向工作台丝杠用交换齿轮连接，当工作台移动时，万能分度头上的工件即可获得螺旋运动。

（2）万能分度头的结构 常用的万能分度头结构如图1-37所示，主要由基座、回转体、分度盘、主轴等组成。主轴可随转动体在垂直平面内转动。通常在主轴前端安装自定心卡盘或顶尖，用它来安装工件。转动手柄可使主轴带动工件转过一定角度，称为分度。

1）基座是万能分度头的本体，万能分度头的大部分零件都装在基座上。基座底面槽内装有两块定位键，可与铣床工作台台面上的中央T形槽相配合，以精确定位。

2）分度盘又称为孔盘，套装在分度手柄轴上，盘上（正、反面）有若干圈在圆周上均布的定位孔，作为各种分度计算和实施分度的依据。国产万能分度头一般备有两块分度盘。分度盘正反两面上有许多数目不同的等距孔圈。第一块分度盘正面各孔圈数依次为24、25、28、30、34、37；反面各孔圈数依次为38、39、41、42、43。第二块分度盘正面各孔圈数依

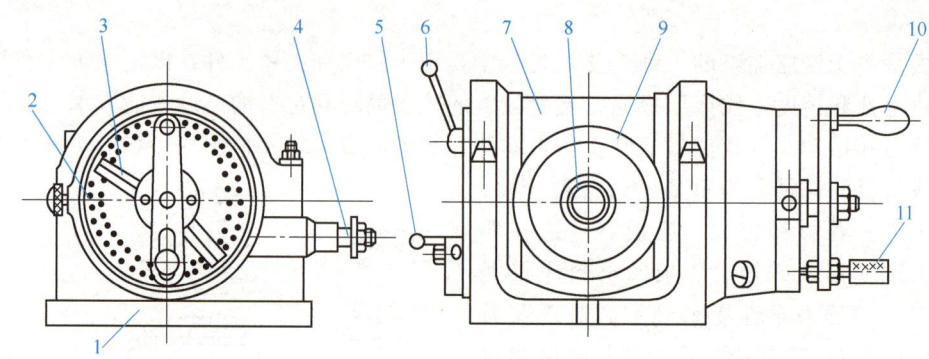

图 1-37 万能分度头结构图

1—基座　2—分度盘　3—分度叉　4—侧轴　5—蜗杆脱落手柄　6—主轴锁紧手柄　7—回转体　8—主轴
9—刻度盘　10—分度手柄　11—定位插销

次为 46、47、49、51、53、54；反面各孔圈数依次为 57、58、59、62、66。

3) 分度叉又称为扇形股。分度叉由两个叉脚组成，其开合角度的大小按分度手柄所需转过的孔距数予以调整并固定。

4) 侧轴用于与万能分度头主轴间安装交换齿轮进行差动分度，或用于与铣床工作台纵向丝杠间安装交换齿轮进行直线移距分度或铣削螺旋面等。

5) 蜗杆脱落手柄用以脱开蜗杆与蜗轮的啮合，按刻度盘直接进行分度。

6) 主轴锁紧手柄通常用于在分度后锁紧主轴，使铣削力不致直接作用在万能分度头的蜗杆、蜗轮上，减小铣削时的振动，保持万能分度头的分度精度。

7) 回转体是安装万能分度头主轴等的壳体形零件，主轴随回转体可沿基座的环形导轨转动，使主轴轴线在以水平为基准的 $-6°\sim 90°$ 范围内做不同仰角的调整。

8) 万能分度头主轴是一空心轴。

9) 刻度盘固定在主轴的前端，与主轴一起转动。

10) 分度手柄用于分度，摇动分度手柄，主轴按一定传动比回转。

11) 定位插销在分度手柄的曲柄的一端，可沿曲柄做径向移动调整到所选孔数的孔圈圆周，与分度叉配合准确分度。

(3) 万能分度头的安装与调整

1) 万能分度头主轴轴线与铣床工作台台面平行度的校正：用直径为 $\phi40mm$、长为 $400mm$ 的校正棒插入万能分度头主轴孔内，以工作台台面为基准，用百分表测量校正棒两端，当两端值一致时，则万能分度头主轴轴线与工作台台面平行。

2) 万能分度头主轴与刀杆轴线垂直度的校正：将校正棒插入主轴孔内，使百分表的测头与校正棒的内侧面（或外侧面）接触，然后移动纵向工作台，当百分表指针稳定则表明万能分度头主轴与刀杆轴线垂直。

3) 万能分度头与后顶尖同轴度的校正：先校正好万能分度头，然后将校正棒装夹在万能分度头与后顶尖之间以校正后顶尖与万能分度头主轴等高，最后校正其同轴度，即两顶尖间的轴线平行于工作台台面且垂直于铣刀刀杆。

(4) 简单分度方法　万能分度头传动系统如图 1-38 所示，传动路线是：手柄→齿轮副

(传动比为1∶1)→蜗杆与蜗轮（传动比为1∶40)→主轴。可算得手柄与主轴的传动比是1∶(1/40)，即手柄转一圈，主轴转过1/40圈。

如要使工件按z等分度，每次工件（主轴）要转过1/z转，则分度头手柄所转圈数为n，它们应满足的比例关系为

$$40:1 = n : \frac{1}{z}$$

$$n = \frac{40}{z}$$

式中　n——分度手柄转数；

　　　40——分度头的定数；

　　　z——工件的等分数（齿数或边数）。

上述是运用分度盘的整圈孔距与应转过孔距之比，来处理分度手柄要转过的一个分数形式的非整数圈的转动问题，属于简单分度法。生产上还有角度分度法、直接分度法和差动分度法等方法。

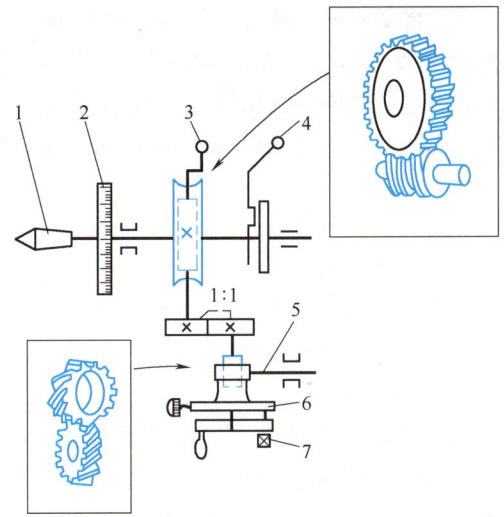

图1-38　万能分度头的传动系统

1—主轴　2—刻度盘　3—蜗杆脱落手柄　4—主轴锁紧手柄　5—侧轴　6—分度盘　7—定位插销

4. 回转工作台

回转工作台按进给方式不同可以分为手动进给式（图1-39）和机动进给式（图1-40）。回转工作台是指带有可转动的台面，用以装夹工件并实现回转和分度定位的机床附件。它能够围绕主轴旋转，在不同的角度上进行铣削操作。可用在铣床上进行分度钻孔或铣削、圆周切削、多边形工件加工、圆弧面加工、镗孔、锪平面等工作。回转工作台的主要特点包括：

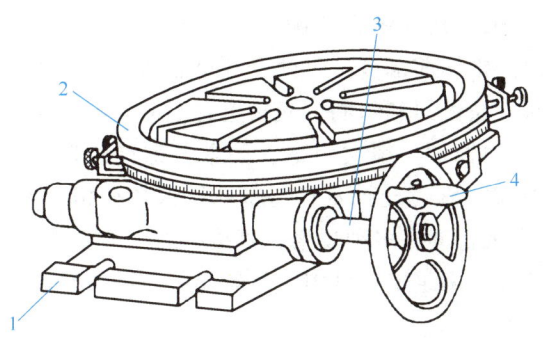

图1-39　手动进给式回转工作台

1—底座　2—回转工作台
3—蜗杆轴　4—手柄

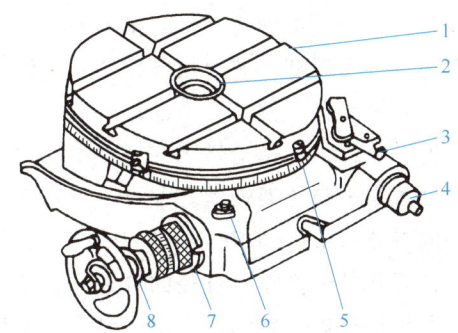

图1-40　机动进给式回转工作台

1—回转工作台　2—锥孔　3—离合器手柄
4—传动轴　5—挡铁　6—螺母
7—偏心环　8—手轮

1）旋转功能。铣床回转工作台能够围绕主轴轴线进行360°旋转，这使得工件可以在不同的角度上进行铣削。这种旋转功能可以大大提高铣床的加工范围和灵活性。

2）稳定性。铣床回转工作台通常采用高刚性结构设计，以确保在高速旋转时保持稳定，确保工件的加工精度和表面质量。

3）精度调整。回转工作台通常配备有精确的角度调整装置，以便在需要时精确地调整工件的角度。这对于加工需要高精度角度控制的工件非常重要。

4）适用性广。铣床回转工作台适用于各种铣床，包括卧式铣床、立式铣床等。同时，它也可以用于加工各种材料，如金属、塑料等。铣床回转工作台也称为铣床的"第四轴"。

四、技能辅导

（一）铣床操作

主要的操作流程包括：操作前准备→刀具安装→工件装夹→调整铣床参数→开始铣削→铣削监控→结束铣削。

铣床操作

1. 操作前准备

床操作前，必须进行充分的准备，包括检查铣床的润滑系统是否正常，确保主轴、导轨和传动系统等关键部位得到充分润滑。同时，要检查所有的工具和夹具是否准备齐全和完好。另外，需要检查电源、气源等设备是否正常工作，分辨清楚机床的各个控制按钮，应遵循正确的开机顺序：接通机床总电源→按起动按钮→操纵自动进给手柄→切削加工；关机顺序与开机顺序相反：切削加工→操纵自动进给手柄终止进给→按关机按钮→关闭机床总电源。

2. 刀具安装

铣刀安装方法是否正确，决定了铣刀的运转平稳性和铣刀的寿命，并影响铣削质量，如加工尺寸、几何公差和表面粗糙度等。

刀具安装

（1）带孔铣刀的安装　如图1-41所示，圆柱形铣刀和三面刃铣刀等带孔铣刀的安装要通过刀杆，铣刀杆是装夹铣刀的过渡工具。铣刀不同，刀杆结构及形状也有差异，但装夹原理大致相同。

刀杆左端是锥度为7∶24的锥柄，用来与铣床主轴内锥孔相配合，锥体尾端有内螺纹孔，通过拉紧螺杆将铣刀拉杆拉紧在主轴锥孔内。锥体前端有一带两个缺口的凸缘，与主轴轴端的凸键配合。铣刀杆中部是一段光轴，用来安装铣刀和垫圈，光轴上有键槽，用来安装定位键，将转矩传递给铣刀。铣刀杆右端是螺纹和轴颈，螺纹用来安装紧刀螺钉，紧固铣刀，轴颈用来与挂架轴承孔配合，支承铣刀杆右端。铣刀光轴直径与带孔铣刀孔径相一致，常用的有φ22mm、φ27mm、φ32mm。铣刀杆的光轴长度有多种规格，可按照加工需要选用，根据铣刀孔径选择相应直径的铣刀杆，铣刀杆长度在满足安装铣刀后不影响正常铣削的前提下，尽量选择短一些的，以增强铣刀的刚度。

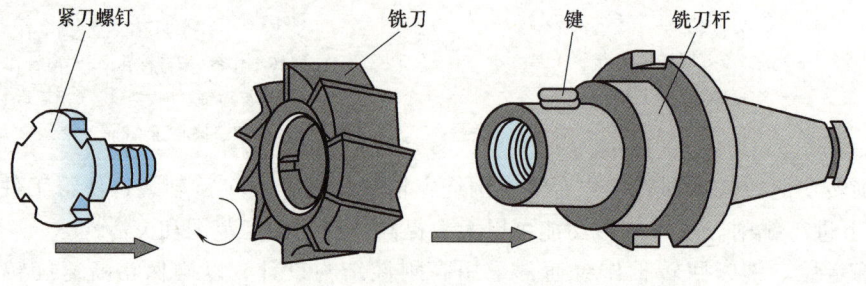

图1-41　带孔铣刀安装

(2) 带柄铣刀的安装（图1-42） 带柄铣刀有直柄和锥柄两种。直柄铣刀有立铣刀、T形槽铣刀、键槽铣刀等，其柄部为圆柱形。锥柄铣刀柄部一般采用莫氏锥度，有莫氏1号~5号五种，按照铣刀直径大小不同，制成不同号数的锥柄。直柄铣刀的安装一般通过钻夹头或弹簧夹头，安装在铣床主轴锥孔内。直柄铣刀的柄部装入钻夹头或弹簧夹头内，安装时，收紧螺母，使弹簧套做径向收缩而将铣刀的直柄夹紧。旋紧扳手，自动定心夹爪收紧，夹紧铣刀柄部。钻夹头或弹簧夹头的柄部装入主轴锥孔或通过过渡装置与主轴锥孔相连。锥柄铣刀的安装，如果铣刀柄部锥度与铣床主轴锥度相同，擦净铣刀，将锥柄装入铣床主轴锥孔中。如果铣刀柄部锥度与铣床主轴锥度不同，可用变锥套来安装。将铣刀装入变锥套的锥孔中，再将装有铣刀的变锥套装入铣床主轴锥孔中。

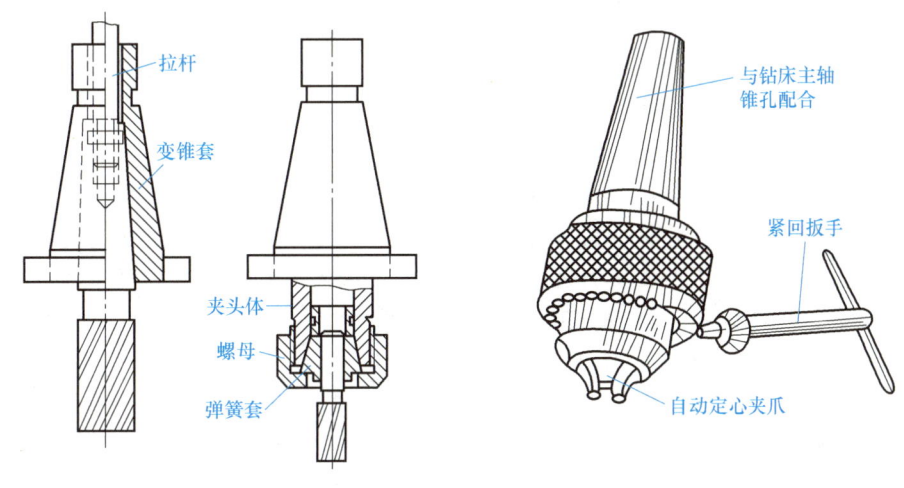

图1-42 带柄铣刀的安装

(3) 硬质合金不重磨刀片的安装（图1-43） 硬质合金不重磨刀片，也被为抛弃式刀片，是一种一次性使用的刀片。这种刀片主要用于高精度现代化自动机床加工中，可根据加工需要设计成一定的几何形状，刀尖处磨出合适的几何角度，通过机夹法固定。当一个刃角失效时，可更换新刃角继续进行切削，直到所有刃角全部磨损

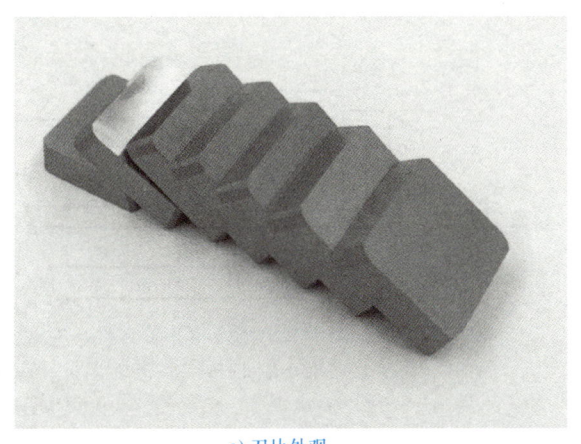

a) 刀片外观

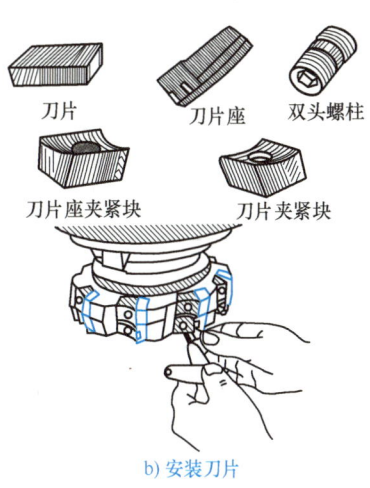

b) 安装刀片

图1-43 硬质合金不重磨刀片

到失效为止。以平面铣刀安装为例，根据加工需求选择合适的刀盘规格。将刀盘安装在主轴上，确保刀盘安装牢固，不会在加工过程中出现松动或脱落。铣平面通常选用硬质合金刀片，安装时，将刀片放入刀片座，调整刀片座沿轴向伸出的长度，使刀尖露出5mm左右为宜，通过旋紧双头螺柱固定刀片夹紧块和刀片座夹紧块。刀片必须正确地安装在圆形刀盘上，伸出适合的长度，水平视线观察，刀盘的最低点应该是刀片露出的刀尖部分。

3. 工件安装

（1）用机用虎钳装夹工件（图1-44） 在安装好刀具后，需要装夹工件。夹具的作用是限制工件在加工过程中的自由度，避免加工受力产生振动或位移。要根据工件的形状和大小选择合适的夹具，确保工件装夹稳定。同时，要调整夹具的位置和角度，以适应不同的加工需求。在装夹工件时，要注意避免工件与刀具发生碰撞，用机用虎钳安装零件时，必须选择合适的垫铁，垫铁起支承作用。夹紧工件后，用胶锤敲击工件，确保工件底面与垫铁充分接触。

铣床工件安装

用机用虎钳装夹工件的注意事项：在铣床上安装机用虎钳时，应擦净铣床工作台台面、钳座底面。装夹工件时，应擦净钳口平面、钳体导轨面及工件表面。工件在机用虎钳上装夹时放置的位置应适当，夹紧后钳口的受力应均匀。工件在机用虎钳上装夹时，还要选择适当厚度的垫铁，垫在工件下面，使工件的加工面高出钳口，如图1-45所示。用平行垫铁在钳口上装夹工件时，所选用垫铁的平面度误差、平行度误差及相邻表面的垂直度误差应符合要求，垫铁表面应具有一定的硬度。经粗加工的工件在机用虎钳上装夹时，若工件的基准面靠近固定钳口平面，可在活动钳口与工件之间放置一圆棒，圆棒要与钳口上平面平行，其位置在钳口夹持工件高度的中间偏上，如图1-46所示。

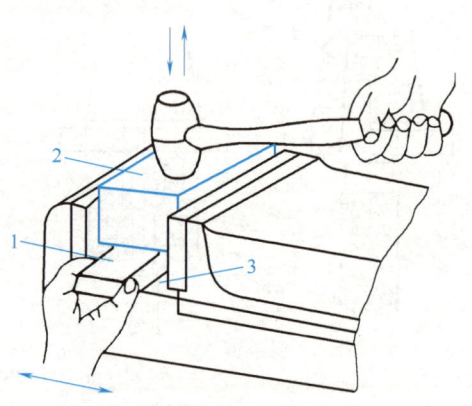

图1-44 机用虎钳装夹工件
1—垫铁 2—工件 3—机用虎钳

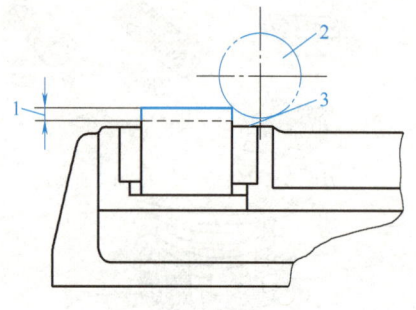

图1-45 余量层应高出钳口上平面
1—待切除余量层 2—铣刀
3—钳口上表面

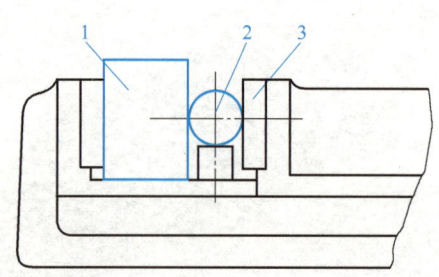

图1-46 用圆棒夹持工件
1—工件 2—圆棒 3—活动钳口

（2）用压板装夹工件 由于机用虎钳的钳口开口行程的限制，对于形状、尺寸较大或不便用机用虎钳装夹的工件，常用压板装夹在铣床工作台台面上进行加工，如图1-47所示。使用时，将压板放置在工件上方，通过调整螺栓和螺母的位置和紧度，使压板与工件表面紧密接触并固定牢固。根据需要，可以在压板和工件之间垫放垫铁或铜皮等辅助工具，以保护工件表面和提高夹持效果。

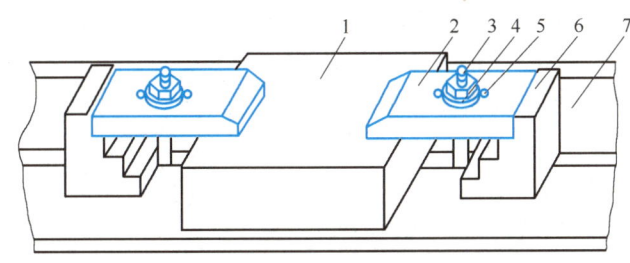

图1-47 用压板装夹工件

1—工件 2—压板 3—T形螺栓 4—螺母 5—垫圈 6—台阶垫铁 7—工作台台面

压板装夹工件的方式，如图1-48所示。压板的位置要安排得适当，要压在工件刚性较好的地方，夹紧力的大小也应适当，防止刚性差的工件产生变形。垫铁必须正确地放在压板下，高度要与工件相同或略高于工件，否则会降低压紧效果。压板螺栓必须尽量靠近工件，并且螺栓到工件的距离应小于螺栓到垫铁的距离，这样能增大压紧力。螺栓要拧紧，否则会因压力不够而使工件移动，以致损坏工件、机床和刀具。用压板将工件已加工表面夹紧时，应在工件表面与压板之间垫纯铜皮，避免压伤工件已加工表面。在铣床的工作台台面上，不能拖拉粗糙的铸件、锻件毛坯，并应在毛坯与工作台台面之间垫纯铜皮，以免将台面划伤或压伤。

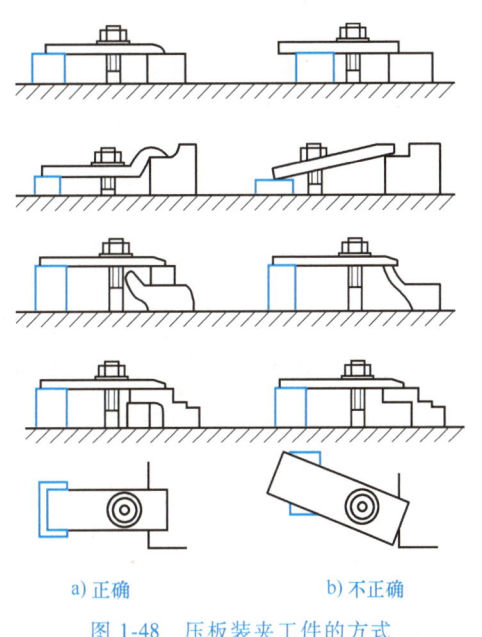

a) 正确　　　　　b) 不正确

图1-48 压板装夹工件的方式

4. 调整铣床参数

在进行铣削操作前，需要调整铣床的参数，包括主轴转速、进给速度、铣削深度等。这些参数的设置需要根据加工需求和刀具的参数进行选择。在调整参数时，要注意安全，避免调整过度导致铣床损坏或人员受伤。机床实现变速的实质是在机床结构内部进行不同齿数的齿轮的变换，因此在进行速度调节时，为了保证齿轮的齿端不受另一齿轮的齿端的碰撞，在变换手柄时，变速操纵箱能使主传动电动机短暂地冲动，使滑动齿轮顺利地推移和啮合。变速时应按下"停止"按钮，使主轴停止转动以后再进行变速。否则会因轮齿剧烈碰撞造成机床损坏。

铣床参数调整

立式铣床主轴的变速过程涉及一系列的机械操作，如图1-49所示，具体步骤如下：

1) 把手柄向下压，使手柄的榫块自槽内滑出，然后将手柄向左转，直到榫块落到第二道槽内为止。

2）转动标有转数的转盘，在转盘上刻有18种转速，把所需要的转速数字对准指针，每对准一个转数，定位器会响一声。选择转速时，转盘可向任一方向旋转（顺时针或逆时针方向），以便迅速地选择所需转速。

3）把手柄以较快的速度均匀地推回原来的位置，务必使榫块落进槽内。

在机床操作中，进给描述的是工件的多余材料在相同或不同深度上被连续去除的工作运动。简单地说，进给是指在连续操作过程中，工件向刀具移动或刀具向工件移动，主要是为了使新的金属层不断进行切削工作。这一动作帮助控制材料被切除的速度和精度，从而实现所需的加工效果。进给速度是切削的重要参数之一，是指工具或工件在单位时间内移动的距离，在铣床操作中，单位为 mm/min。在实际操作中，进给的调节对于控制加工精度和表面质量至关重要。在铣床上，进给速度的调节可以通过操作控制手柄来完成，以满足不同的加工需求。需要注意的是，在调节进给之前，必

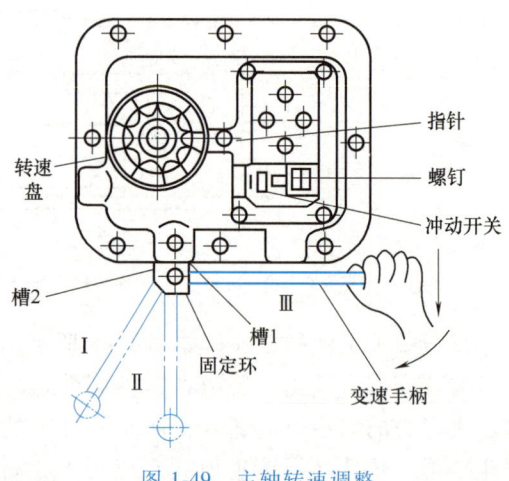

图 1-49　主轴转速调整

须确保机床已经停止运转并切断了电源，以确保安全。如图 1-50 所示，具体的调节步骤如下：

1）将工作台进给变速手柄向外拉出。

2）旋转进给变速手柄，选择合适的进给速度值，转速盘上标识的速度是铣床可选择的进给速度值，使指针指向所需要的进给速度即可。

3）将工作台进给变速手柄推入。

铣床的进给操作可分为手动、自动和快进三种操作模式。铣床的进给结构中的螺旋传动是指利用螺旋副实现进给运动的一种传动方式。螺旋副主要由丝杠和螺母组成，丝杠转动时，螺母就会沿着丝杠的轴向方向进行直线运动，从而实现对工件的进

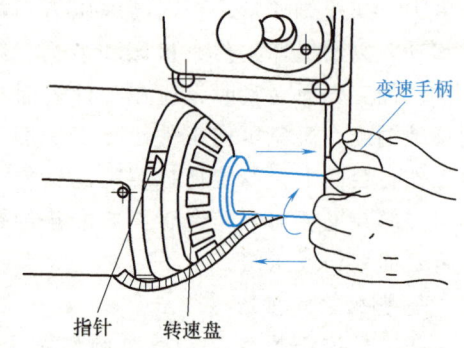

图 1-50　进给速度调整

给。简单来说，铣床的进给运动输入的是手柄的旋转运动，通过螺旋副输出直线运动。手动操作就是通过旋转铣床的三个进给方向的控制手柄，实现工作台三个方向的进给，分别是纵向、横向和垂直升降。自动进给操作是铣床加工零件时候的正常进给，相比手动进给，速度更加均匀，加工精度容易保证。操作方法如图 1-51 所示，具体操作步骤如下：

1）纵向自动进给操作：起动主轴，当调整好进给速度后，手动向左或向右调整纵向进给手柄，纵向进给手柄总共有左、中、右三个位置。左、右分别代表了自动进给的控制方向，中间位置是纵向进给运动的停止位置。

2）横向、垂直进给操作：横向、垂直自动进给控制由一个手柄完成，该手柄有五个位

置，前后位置控制的是横向自动进给，上下位置控制的是垂直自动进给，手柄置于中间位置时，工作台停止横向、垂直自动进给。

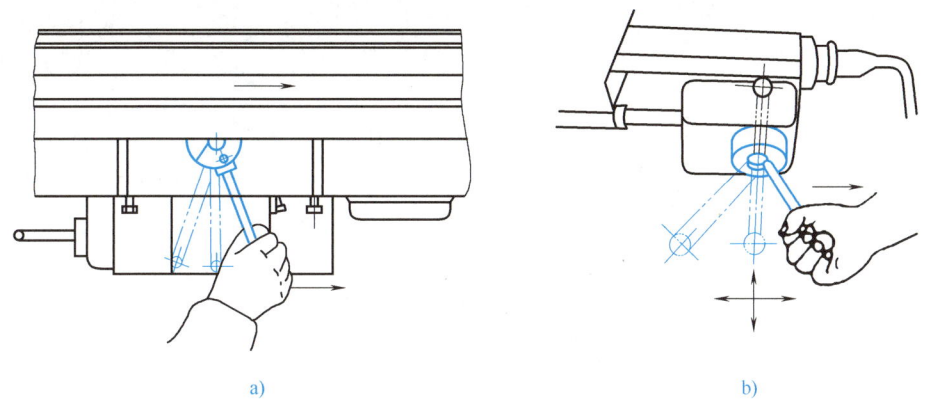

图 1-51 进给手柄操作

在进行铣削加工时，快进操作是一种常用的提高工作效率的方法。操作时，将进给手柄置于要进给的方向。按动快进按钮，铣床工作台将按照进给方向快速运动。进行快进操作时，操作人员应确保自己熟悉机床的结构、功能以及操作方式，尤其了解机床的面板按钮、旋钮等的位置和功能，避免误操作，还需要监控工作台移动的行程，避免工作台超程。

5. 开始铣削

在准备工作完成后，可以开始铣削操作。在铣削过程中，要注意观察铣床的工作状态，确保铣床运行稳定。同时，要注意听铣床发出的声音，如果有异常声音，应立即停止铣削，检查问题并解决后再继续加工。

6. 监控铣削

在进行铣削操作时，需要对铣削过程进行监控，包括监控铣床的工作状态、铣削温度、铣削力等参数。如果发现异常情况，应立即停止铣削，检查问题并解决后再继续加工。同时，需要对加工出的工件进行检查，确保其符合要求。铣削过程中，操作者还需要密切地观察切屑和工件的物理形态，比如颜色的变化等。操作人员应站在安全的区域，避免飞出的切屑伤人。

7. 铣削结束

当铣削完成后，需要将工件从铣床上取下，并对铣床进行清理和维护。同时，需要对加工过程中使用的工具和刀具进行检查和保养。在结束工作后，需要关闭电源和气源，确保设备安全。

（二）平面及垂直面铣削

1. 铣削方式

（1）周铣法 周铣法是一种机械加工方法，如图 1-52 所示，具体指的是用圆柱铣刀的圆周刀齿加工工件的表面。这种加工方式在制造业中有广泛的应用，可以根据需要加工出不同形状和尺寸的表面。在操作过程中，需要选择合适的铣刀和加工参数，以确保加工质量和效率。

铣平面及垂直面

(2)逆铣和顺铣 逆铣时，铣刀旋转方向与工件进给方向相反，如图1-53所示，铣削时每齿切削厚度从零逐渐到最大而后切出。顺铣时，铣刀旋转方向与工件进给方向相同，如图1-54所示，铣削时每齿切削厚度从最大逐渐减小到零。

1）切削厚度的变化。逆铣时，逆铣时刀齿由内往外切削，切削厚度由小变大，刀齿从已加工表面切入，对铣刀的使用有利，当铣刀刀齿接触工件后不能马上切入金属层，而是在工件表面滑过一小段距离，在滑动过程中，由于强烈的摩擦，就会产生大量的热量，同时在待加工表面易形成硬化层，降低了刀具寿命，影响工件表面粗糙度，给切削带来不利。

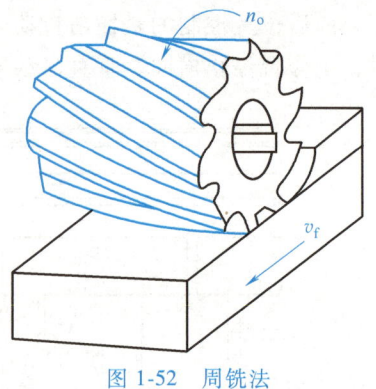

图1-52 周铣法

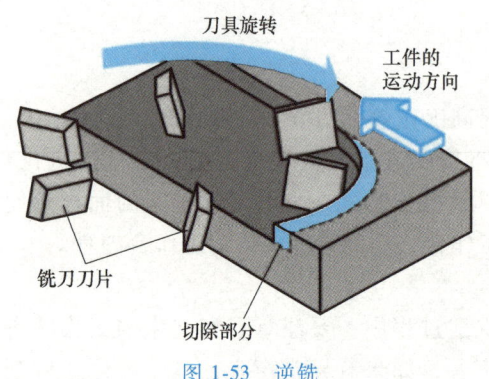

图1-53 逆铣

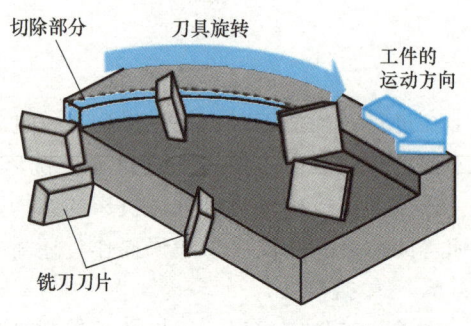

图1-54 顺铣

顺铣时，刀齿开始和工件接触时切削厚度最大，且从表面硬质层开始切入，刀齿受很大的冲击负荷，铣刀变钝较快，尤其是工件待加工表面是毛坯或者有硬皮时。但刀齿切入过程中没有滑移现象，同时，顺铣也更加有利于排屑。

一般应尽量采用顺铣法加工工件，以提高被加工工件的表面粗糙度，保证尺寸精度。但是在切削面上有硬质层、积渣、工件表面凹凸不平较显著时，应采用逆铣法。

2）切削力方向的影响。逆铣时有将工件抬起的趋势，易引起振动，影响工件的夹紧。铣薄壁和刚度差的工件时影响更大。顺铣时作用于工件上的垂直切削分力始终压下工件，这对工件的夹紧有利。

3）逆铣和顺铣的选用。逆铣和顺铣各有优缺点，应根据具体情况选用。顺铣时刀具寿命长，工件表面质量好，但夹紧力比逆铣小，容易造成工件窜动。铣床的螺母和丝杠间总会有或大或小的间隙，顺铣时假如工作台向右移动，丝杠和螺母在左侧贴紧，间隙留在右侧，而这时水平铣削分力也向右，因此当水平铣削分力大到一定程度时会推动工作台和丝杠一起向右窜动，把间隙留在左侧；随着丝杠继续转动，间隙又恢复到右侧，在这一瞬间工作台停止运动；当水平铣削分力又大到一定程度时又会推动工作台和丝杠再次向右窜动。这种周期性的窜动使得工作台运动很不平稳，容易造成刀齿损坏。此外，在铣削铸件、锻件时，刀齿首先接触工件表面的硬皮，加剧刀具磨损；但顺铣的垂直铣削分力将工件压向工作台，刀齿在已加工面上滑行，摩擦小，对减小刀齿磨损、减少加工硬化现象和减小表面粗糙度值均有利。因此，当工作台丝杠和螺母的间隙调整到小于0.03mm时或铣削薄而长的工件时宜采用顺铣。但是铣床工作台没有消除工作台和螺母间隙的装置，或在切削面上有硬质层、积渣、工件表面凹凸不平较显著时，应采用逆铣法。

（3）端铣法　端铣法是利用面铣刀的端面刀齿来加工平面的一种机械加工方法，如图1-55所示。端铣法适用于各种材料的加工，包括金属、塑料和木材等。在端铣过程中，铣刀的端面刀齿与工件表面接触并切除多余的材料，从而得到所需的平面形状和尺寸。

（4）对称铣和不对称铣　对称铣如图1-56所示，其特点是铣刀与工件间的相互位置关系是对称的。刀齿切入工件与切出工件的切削厚度相同。在对称铣削中，铣刀的切削刃同时参与切削，使得切削力在工件上分布均匀，因此，对称铣适用于加工刚性较差的工件，如薄板、细长杆等。

不对称铣与对称铣相比，其特点在于铣刀切入工件与切出工件的切削厚度不同。刀齿切入时的切削厚度小于或大于切出时的切削厚度。不对称铣又可以分为不对称逆铣和不对称顺铣，如图1-57所示。

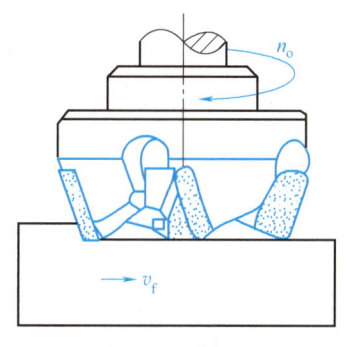

图1-55　端铣法

1）不对称逆铣。在这种铣削方式中，铣刀从最小的切削厚度切入工件，然后从较大的切削厚度切出。这种方式的优点在于切入时振动小，工作平衡，特别是当使用圆柱铣刀进行逆铣时，可以避免因切入时切削厚度为零而引起的滑擦现象。因此，加工碳钢及高强度低合金钢等材料时，采用不对称逆铣效果较好。

2）不对称顺铣。与不对称逆铣相反，不对称顺铣时，铣刀从较大的切削厚度切入工件，以较小的切削厚度切出。这种铣削方式适用于加工变形系数较大、冷作硬化现象较严重的材料，如不锈钢等。然而，不对称顺铣时的振动要比不对称逆铣大，因此在操作过程中需要注意控制振动，例如通过消除工作台进给丝杠与螺母间的间隙来减少水平铣削分力引起的工作台窜动。

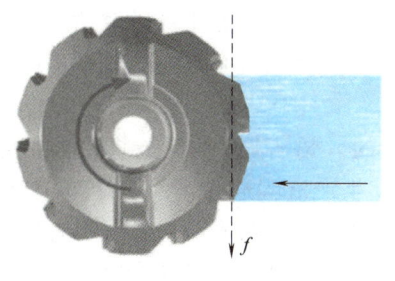

图1-56　对称铣

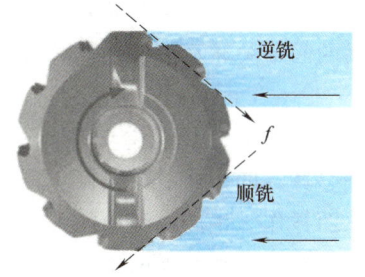

图1-57　不对称铣

（5）周铣法与端铣法的比较

1）端铣的加工质量比周铣好。周铣时，同时参加工作的刀齿一般只有1~2个，而端铣时同时参加工作的刀齿多，切削力变化小，因此，端铣的切削过程比周铣时平稳。面铣刀的刀齿切入和切出工件时，虽然切削厚度较小，但不像周铣时切削厚度变为零，从而改善了刀具后刀面与工件的摩擦状况，提高了刀具寿命，并可减小表面粗糙度值。端铣时还可以利用修光刀齿修光已加工表面，因此，端铣可达到较小的表面粗糙度值。

2）端铣的生产率比周铣高。面铣刀一般直接安装在铣床的主轴端部，悬伸长度较小，刀具系统的刚性好，而圆柱铣刀安装在细长的刀轴上，刀具系统的刚性远不如面铣刀。面铣刀可以方便地镶装硬质合金刀片，而圆柱铣刀多采用高速工具钢制造。所以，端铣时可以采用高速铣削，大大地提高了生产率，同时还可以提高已加工表面的质量。

3）周铣的适应性好于端铣。周铣便于使用各种结构形式的铣刀铣削斜面、成形表面、台阶面、各种沟槽和切断等。

从加工效率、加工精度、刀具装拆方便等因素考虑，平面铣削方式首选端铣法，本次实训任务中，锤头的四个关联平面，两个对称斜面均采用端铣法加工。

2. 铣削用量

铣削用量主要是指主轴转速、进给速度、切削深度三要素。机加工领域切削三要素在不同的工种和机床设备中都有所体现。主轴转速是指铣削加工时主轴每分钟转动的圈数，是影响铣削加工效果的重要因素之一，在立铣床上通过旋转调速手柄可调节的主轴转速。进给速度是指刀具在工件上直线移动的速率，通常是每分钟移动的距离。进给速度的大小会影响铣削加工的表面质量和加工效率，立铣床的进给方向有横向、纵向、垂直升降三个方向，需要根据具体的加工选择。切削深度是指刀具对工件进行切削时，一次切削时刀具与工件表面之间的距离，也是影响铣削加工效果的重要参数之一。在实际应用中，应综合考虑各种因素来选择合适的铣削用量，以获得最佳的加工效果。

根据锤头的毛坯材料，铣削用量建议选择：主轴转速 375r/min 或 475r/min，进给方向选择纵向进给，速度 65~90mm/min，铣削深度单次最大进给 2mm，切削余量较多时，需要制订合理的加工工艺。

3. 加工工艺

任何零件的加工都必须遵循合理的加工工艺，在实际生产中，专业的技术人员会结合生产率、产品合格率、物料损耗、操作人员劳动强度等因素制订出最优的工艺方法，后由操作人员按工艺加工，工艺是产品制造最核心的技术文件，也是关乎企业生产效益的关键因素。

锤头的四个关联平面的工艺分解：识图→粗铣平面→计算精铣余量→精铣平面→测量和检测。

（1）识图　在现代制造业中，图样被称为机加工的"语言"，是至关重要的指导性文件，正确、详尽的图样能够确保生产流程的顺利进行。生产流程通常涉及多个环节和部门。机械加工图样作为生产过程中的关键参考，能够确保各环节之间的有效对接。通过图样，不同部门可以明确了解所需的生产要求、工艺流程和材料需求，从而避免生产过程中的混乱和误解。机械加工图样详细标注了产品的尺寸、形状和公差要求，这是产品质量控制的基础。通过仔细研读图样，操作人员可以明确产品要求，遵循规定的工艺参数，保证产品质量的一致性和稳定性。此外，图样也是产品验收的重要依据，有助于识别不合格品并采取纠正措施。图样作为一种技术文档，还具有技术交流与传承的重要作用。同时，图样也是企业间技术交流的媒介，有助于合作项目的顺利进行。在技术更新换代时，图样的保存和传递为技术传承提供了保障。机械加工识图不仅是对现有产品或设计进行解读，还可以激发创新与改进的灵感。通过深入分析图样，可以发现潜在的问题和优化空间，从而进行工艺改进和技术创新。正确的识图方法能够为企业的持续发展提供有力的支持。

（2）粗铣平面　粗铣平面是锤头平面加工中的一个重要步骤，主要目的是去除毛坯上的大部分余量，为后续的精铣加工步骤打下基础。以下是粗铣平面的主要步骤：

1）确定铣削用量。

2）安装工件。将工件安装在机用虎钳中，通过锤子适当敲击毛坯与垫铁之间的空位确保工件定位准确，忌用锤子不停地敲击工件，使工件触碰垫铁后反弹产生间隙。

3）装夹刀具。将面铣刀安装在铣床的主轴上，确保紧固，检查硬质合金刀片是否正确嵌入，刀尖角是否有磨损。

4）对刀。对刀就是进刀前，使刀尖与工件的待加工表面刚好接触。首先，转动刀盘，调整工作台，使刀尖距工件待加工表面约2mm的距离；然后，起动机床，刀盘开始旋转；接着，轻缓地摇动垂直进给手柄，仔细地观察工件上升的情况，当工件与刀片刚刚接触时，会听到有节奏的"嗒，嗒，嗒"的声响，或者观察到工件表面上的切口，此时，停止摇动垂直进给手柄；最后，关机，纵向移动工作台，将工件移出远离刀片。

对刀的过程比较简单，然而要注意两个细节，一是垂直上升工作台时，一定要手动操作，二是对刀结束后，一定要将工件远离刀片，为接下来的进刀做好准备。

5）调整工作台，加工。对刀后，根据加工要求，选择垂直升降进给，顺时针方向旋转升降手柄，所用铣床垂直进给刻度圈一格为0.05mm，一圈共有40格，旋转一圈工作台垂直进给2mm。

锤头的四个关联面的粗加工顺序如图1-58所示。

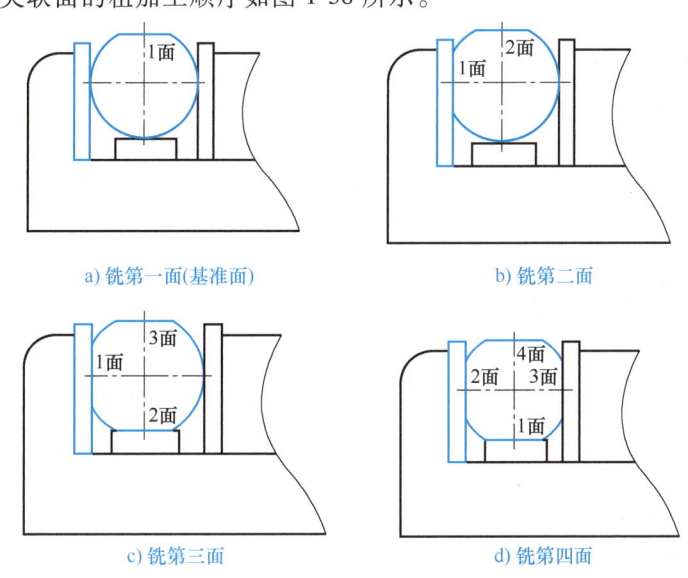

图1-58　粗加工顺序

粗铣平面，按照计算好的加工余量进给2mm，粗铣第一个平面，该平面将作为后续平面的基准面。拆除零件，去除毛刺，重新装入钳口，粗铣好的第一个平面必须与钳口固定面接触，不必进给，直接粗铣第二个平面，铣削完毕后，形成一组互相垂直的平面；将零件旋转放置，使第一个面仍然与钳口固定面接触，第二个面与垫铁接触，进给2mm，粗铣第三个平面；铣削完毕，旋转零件，使最后一个需要粗铣的平面朝上安装，不必进给，粗铣第四个面。

6）冷却。切削液在切削加工中的作用主要有冷却、清洗、润滑、防锈的作用。铣削时选用的硬质合金刀片具有良好的耐磨耐热性，因此无需冷却，如考虑其他因素需要冷却时，应该在机床切削零件前先开切削液，且冷却过程必须贯穿切削全过程，避免硬质合金刀片在高温状态下骤然冷却，引发刀片碎裂。

（3）计算精铣余量　在粗铣加工完成后，需对工件进行测量和检验，使用游标深度卡尺测量工件尺寸，根据图样要求，计算出精铣余量。

（4）精铣平面　精铣平面选用的机床物料及工量具与粗铣相同，只需根据精加工的余量重复以上粗铣步骤，直到工件上的余量被完全去除，达到图样要求的加工质量和精度。

（5）测量和检验　在精铣加工完成后，需对工件进行测量和检验，以确保加工质量和精度符合要求。

需要注意的是，平面铣削的加工质量和精度受多种因素的影响，如刀具的磨损、切削参数的选择、工件的装夹等。因此，在加工过程中应定期检查和调整相关参数，以保证加工结果的稳定性和准确性。同时，为了提高加工效率和降低成本，可以采用一些先进的加工技术和工艺，如高速铣削、硬质合金刀具等。

（三）划线

划线是钳工的一项基本技能，它是在加工前，按照图样或技术要求，使用划线工具在毛坯或半成品上画出加工界线的过程。

1. 划线的作用

划线的作用如下：

1）作为加工的依据。

2）检查毛坯形状、尺寸，剔除不合格毛坯。

3）合理分配工件的加工余量。划线分平面划线和立体划线。平面划线是在工件的一个表面上划线，方法与机械制图相似。立体划线是在工件的几个表面上划线，如在长、宽、高方向或其他倾斜方向上划线。工件的立体划线通常在划线平台上进行，划线时，工件多用千斤顶来支承，有的工件也可用方箱、V形块等支承。

2. 划线工具（图1-59）

1）划线平台，提供平坦、稳定的操作表面，用来安放工件和划线工具。

2）划线尺，用于测量和划出直线或曲线。

3）划针，用于在工件表面上划出线条。

4）钢直尺，用于测量长度。

5）90°角尺，用于检查直角或平行线。

6）游标高度卡尺，由高度尺和划线盘组成，根据游标卡尺刻线原理来确定高度尺寸，它的划线脚可用来划线，分度值一般为0.02mm，工件上的平行线可用高度尺直接划出。

7）研磨工具，用于清洁工件表面。

8）量角器，用于测量角度。

9）样冲，用于在加工线条上作冲眼记号，加强界线标记（称检验样冲眼）和作圆弧或钻孔定中心（称中心样冲眼）。

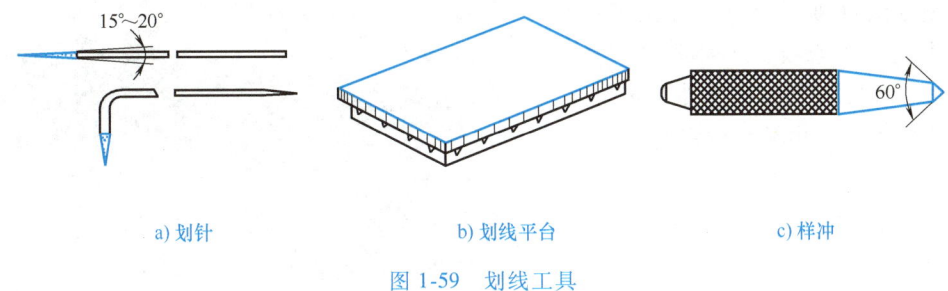

a) 划针　　　　　　　b) 划线平台　　　　　　c) 样冲

图 1-59　划线工具

3. 划线基准

划线时，应以工件上某一条线或某一个面作为依据来划出其余的尺寸线，这样的线（面）称为划线基准。划线基准应尽量与设计基准一致，选择一个合适的基准来划线，有助于确保线条的准确性和稳定性。常见的划线基准有：直角（利用工件上的一个直角作为基准划线）、中心线（如果工件具有中心线，则可以将其作为基准划线）、孔的中心（如果工件上有孔，可以将孔的中心作为基准划线）、边缘线（利用工件的边缘线作为基准划线）。

4. 划线操作步骤

1) 检查毛坯或半成品，了解加工要求和技术要求。
2) 清理工件表面，去除毛刺、油污等杂质。
3) 确定划线位置，根据图样或技术要求进行测量和计算。
4) 选择合适的划线工具，按照规定的操作方法进行划线。
5) 检查划线精度和质量，确保符合要求。
6) 清理划线区域，去除多余的线条和杂质。

5. 划线精度控制和质量检测

划线的精度直接影响到加工质量和产品的性能。在划线过程中，应采取一系列措施控制精度，如使用高精度的测量工具、选择合适的划线工具、保持工具的清洁和锋利等。对划线的质量进行检测是保证产品质量的重要环节。检测方法包括目视检查、使用测量工具检查等。在检测过程中，应按照图样和技术要求进行检测，发现问题应及时处理。

6. 划线注意事项

在划线过程中，应注意安全操作，防止意外事故的发生。例如，使用划针时应避免刺伤手部等。看懂图样，了解工件的作用，分析工件的加工顺序和加工方法。工件夹持或支承要稳妥，以防滑倒或移动。在一次支承中应将要划出的平行线全部划全，以免再次支承补划，造成误差。正确使用划线工具，划出的线条要准确、清晰。划线完成后，要反复核对尺寸，才能进行机械加工。

7. 锤头划线

锤头划线工艺分析：在完成四个关联面铣削后，根据图样的尺寸要求，对工件进行划线，需要确定孔和斜面两个位置，这两个位置是相互垂直的，所以划线的过程是对工件进行立体划线，划好线的工件如图 1-60 所示。

锤头划线

操作步骤：

1) 孔的中心位置划线，选择一个相对平整的端面作为划线基准面，放置在划线平板上，调整划线高度尺刻度，在正确的平面上划出孔的中心线，中心线是两条垂直的直线，在交点处用样冲冲出定位孔，方便后续钻削工序中钻头的定位。

2）划斜线，根据两点确定一线的几何知识，只需确定好斜线的两个端点，并将它们连起来就能划出所需要的斜线。斜线的位置是在与孔中心线相垂直的另一面上，借助钢直尺用划针连接即可完成。最后用样冲沿线均匀冲出若干个定位孔，方便对斜线的校正。划线操作如图 1-61 所示。

图 1-60　工件划线

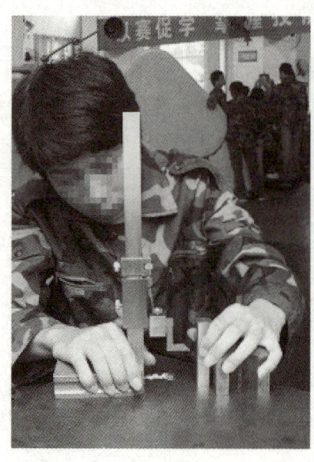  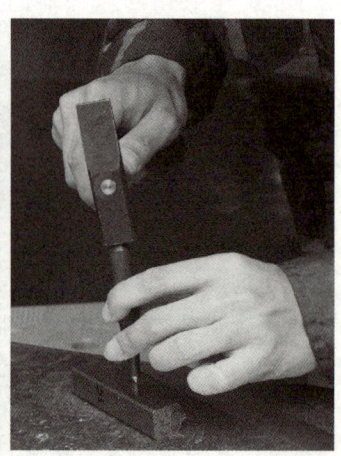

图 1-61　划线操作

（四）铣斜面

斜面是与水平面成一定角度的平面，铣削斜面时，工件、铣床、铣刀三者之间的关系必须满足两个条件：①工件的斜面应平行于铣床工作台的进给方向；②工件的斜面应与铣刀的切削位置相吻合，即用圆柱形铣刀铣削时，斜面与铣刀的外圆柱面相切；用面铣刀铣削时，斜面与铣刀的端面相重合。

铣斜面

1. 铣斜面方式

（1）倾斜装夹工件铣斜面　这种方式铣斜面的关键在于零件的安装与校正，用划线盘对零件上的斜线进行校正，将斜线处于水平位置放置零件，在目测斜线水平的时候预紧工件，接着调整划线盘针尖高度，使针尖接触到校正线的一个端点，缓缓移动划线盘，观察针尖移动轨迹是否与被校正线完全重合，不重合就对零件位置做适当调整，完全重合后夹紧工件。完成零件的校正后，按照铣平面的方法加工斜面，注意每次进给深度控制在合理的范围，因为零件下方是没有垫铁支承的，处于悬空状态，进给太深，铣削力增大会引起工件的加工位移。建议单次进给深度不超过 1mm，分多次进给铣削。形成的加工表面与被校正线重合后，斜面加工完毕，可取出工件，如图 1-62 所示。由于划线费时，装夹和找正工件也很慢，所以一般用于单件生产。

(2) 用倾斜垫铁装夹工件铣斜面 铣削时若在基准面下面垫一块倾斜的垫铁，那么铣出的平面就与基准面倾斜，而且其倾斜程度与垫铁的倾斜程度相同，如图1-63所示。此方法加工效率高，适用于批量生产，需要提前制作出适合的斜垫铁。

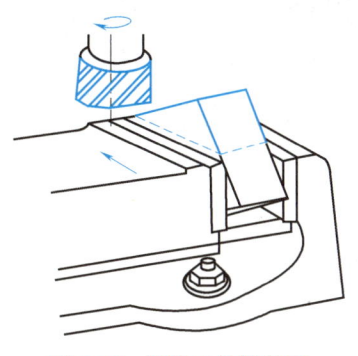

图1-62 倾斜工件铣斜面

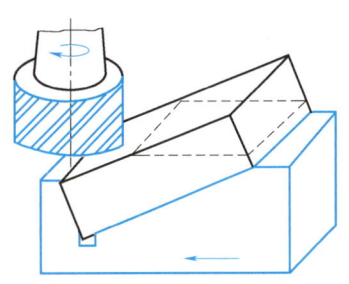

图1-63 倾斜垫铁铣斜面

(3) 用机用虎钳装夹工件铣斜面 安装机用虎钳时先找正固定钳口与卧式铣床主轴轴线垂直或平行，在立式铣床上安装时，固定钳口与工作台纵向进给方向平行或垂直后，再通过机用虎钳底座上的刻线将钳体调转到所需角度的位置，装夹工件，铣出所要求的斜面，如图1-64所示。在成批或大批量生产中，为了达到优质高产，最好采用专用夹具来铣斜面。

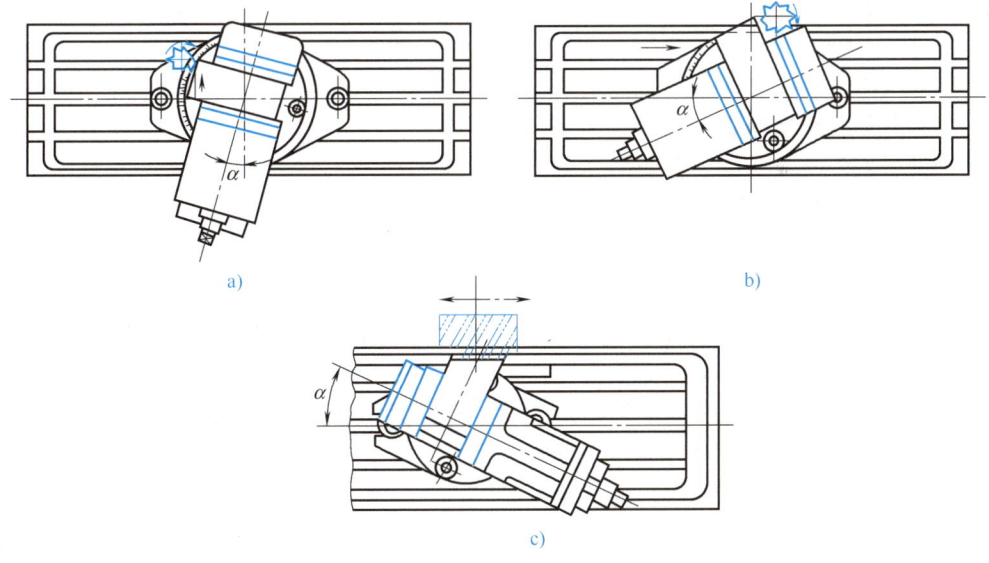

图1-64 机用虎钳铣斜面

(4) 将铣刀倾斜铣斜面 在立铣头能回转的立式铣床上用面铣刀或立铣刀铣削斜面时，还可在不倾斜工件的情况下，把铣头连同铣刀倾斜所需要的角度来铣斜面。用面铣刀铣斜面如图1-65所示，若立铣头的主轴倾斜一个角度α，那么面铣刀也斜度一个角度α。

(5) 用角度铣刀铣斜面 角度铣刀是切削刃与轴线倾斜成一定角度的铣刀。角度铣刀的切削刃有0.5~2mm的圆弧（具有后角），它可以增强刀尖强度，角度铣刀有单角铣刀和双角铣刀两种。单角铣刀的切削刃分布在一个圆锥面和一个垂直于轴线的端面上。双角铣

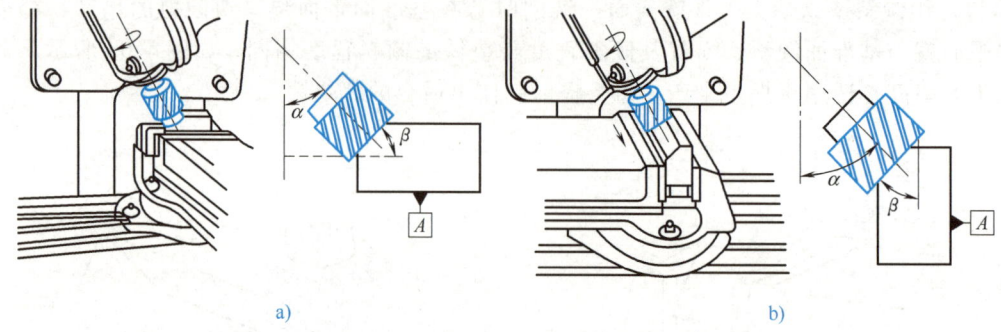

图 1-65 用面铣刀铣斜面

的切削刃分布在两个圆锥面上，两锥面斜角相等的称为对称双角铣刀，两锥面斜角不相等的称为不对称双角铣刀。斜面工件可以用角度铣刀进行铣削，根据工件的斜面的角度选择相应的角度铣刀，并注意角度铣刀切削刃的长度应大于工件斜面的宽度，如图 1-66 所示。

2. 斜面铣削的质量分析

（1）斜面的检验 铣削好斜面后，除了要检验斜面的表面粗糙度和平面度误差外，还要检验斜面

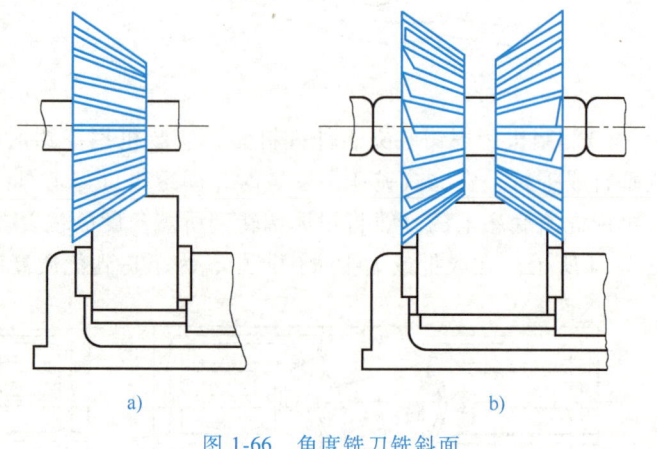

图 1-66 角度铣刀铣斜面

与基准面之间的夹角是否符合图样要求。当工件要求不高时，可用游标万能角度尺来直接量得斜面与基准面之间的夹角。当工件要求很高时，可用正弦规并配合指示表和量块来检验。当工件数量很多时，可用角度样板来检验。

（2）斜面的质量分析 斜面的铣削质量主要是指斜面倾斜角度、斜面尺寸和表面粗糙度。影响斜面倾斜角度的因素：立铣头扳转角度不准确；按划线装夹工件铣削时，工件划线不准确或在铣削时工件产生位移；采用周铣时，铣刀圆柱度误差大（有锥度）；用角度铣刀铣削时，铣刀角度不准；工件装夹时，钳口、钳体导轨及工件表面未擦净。影响斜面尺寸的因素：看错刻度或摇错手柄转数，以及滚珠丝杠副的间隙过大；测量不准，使尺寸铣错；铣削过程中工件有松动现象。影响表面粗糙度的因素：进给量太大；铣刀不锋利；机床、夹具刚性差，铣削中有振动；铣削过程中，工作台进给或主轴回转突然停止，啃伤工件表面；铣削钢件时未充分使用切削液或切削液选用不当。

（五）钻孔

钻孔是在实心材料上打孔的过程，通常使用钻床或手钻来完成。高速旋转的钻头与材料接触后，通过进给运动，将切削下来的切屑沿前刀面向外排出。一般钻孔加工可达尺寸公差等级为 IT14~IT11，表面粗糙度 Ra 值为 50~12.5μm。铣床在扩大使用范围时，可以代钻，加工时可以像钻床一样具备钻孔所需的主运动和进给运动。

钻孔

钻孔时应根据所需的孔径和材料硬度选择合适的钻头,将工件固定在稳定的工作台上,防止钻孔过程中工件移动。确定需要钻孔的位置,并确保钻头与工件表面垂直。钻孔过程中选择合理的切削用量,使用切削液可以降低钻头温度,防止材料过热变形。根据材料和钻头的特性,调整钻床的压力和转速。钻孔后检查孔的质量,如孔径、孔深、垂直度等是否符合要求。

1. 麻花钻

麻花钻是钻孔常用的刀具,材料一般为高速工具钢或硬质合金。高速工具钢是一种具有高硬度、高耐磨性和高耐热性的工具钢,适用于制造复杂的刀具和工具,而硬质合金则具有更高的硬度和耐磨性,因此更适用于加工坚硬材料。此外,麻花钻的制造需要经过多道复杂的工艺,主要包括原材料的精选、炉温控制、精炼、淬火、磨齿和表面处理等工艺。其高硬度、高强度等特性使其适用于加工高难度材料,如不锈钢、铝合金、钛合金等,在模具制造、机械制造、航空航天等领域有广泛应用。

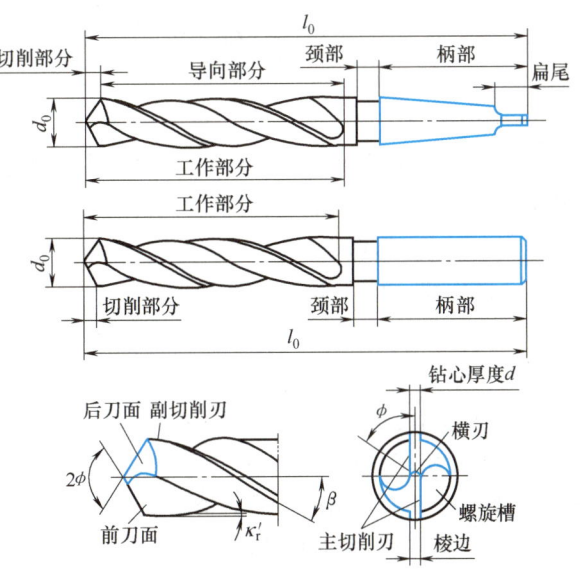

麻花钻的结构主要包括工作部分、颈部及柄部三部分。工作部分又分为切削部分和导向部分,其中切削部分负责切削,导向部分则保证钻孔的直线度。切削部分包括两个前刀面、两个后刀面、两个副后刀面、两个主刃、两个副刃以及一个横刃。钻心直径朝柄部方向递增。柄部是夹持部分,有直柄和锥柄(扁尾)两种类型。当麻花钻直径小于 $\phi 12mm$ 时一般为直柄钻头,大于 $\phi 12mm$ 时为锥柄钻头。颈部位于工作部分和柄部之间,用于磨柄部时砂轮的退刀。麻花钻结构如图 1-67 所示。

图 1-67 麻花钻结构图

2. 锤头孔加工

在铣床上装夹钻头的方法按其柄部的形状不同而异。锥柄钻头可以直接装入机床主轴孔内,直径较小的钻头可通过过渡套筒安装。直柄钻头一般用钻夹头安装,如图 1-68 所示。

钻孔中的安全事故,大都是由于工件的夹持方法不对造成的。因此,工件必须装夹可靠。小件和薄壁零件钻孔,要用手虎钳夹持工件。中等零件,可用机用虎钳夹紧。大型和其他不适合用虎钳夹紧的工件,可直接用压板螺钉固定在钻床工作台上。在圆轴或套筒上钻孔,须把工件压在 V 形铁上钻孔。在成批和大量生产中,钻孔时广泛应用钻模夹具。

按划线钻孔时,钻孔前应预先在孔中心处打样冲眼,使钻头先对准样冲眼试钻一浅坑,如有偏位,可用样冲重新冲孔纠正,也可用錾子錾出几条槽来纠正。钻孔进给速度要均匀,将钻通时,进给量要减小。钻韧性材料要加切削液。钻深孔(孔深 L 与直径 d 之比大于 5)时,钻头必须经常退出排屑。

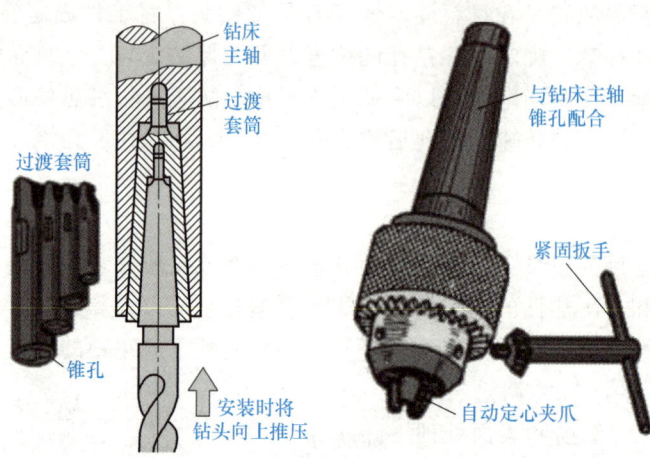

图1-68 钻头装夹

钻削锤头上的孔可使用φ8.7mm的钻头，转速500r/min，进给速度30mm/min，切削液可选用柴油。

3. 钻孔注意事项

1）操作前，检查钻孔设备是否完好，电线是否破损，螺钉是否松动。检查钻头是否锋利，是否符合钻孔要求。

2）做好防护措施。佩戴好防护用品安全帽、防护眼镜等，防止钻屑飞溅伤害眼睛。

3）固定钻孔位置。将工件固定在工作台上，确保工件不会移动。

4）正确使用设备。在钻孔过程中，先将钻头轻轻接触工件表面，逐渐加大压力，直至钻孔完成。适时加入切削液或润滑剂，以降低切削温度，延长钻头寿命。

5）控制钻速。根据材料硬度、钻头类型和直径等因素，合理选择合适的钻速。在钻孔过程中，要保持稳定的钻速，避免过快或过慢，以获得良好的加工质量。

6）保持安全距离，在进行深孔钻孔时，要保持与切削区域的安全距离，避免切屑飞溅伤害。

7）在钻孔过程中，会产生大量的切屑和粉尘，定期清理工作区域，避免粉尘切屑堆积。定期维护保养设备，定期检查钻头的磨损情况，及时更换磨损严重的钻头。

（六）攻螺纹

攻螺纹是一种机械加工工艺，用于制造旋转的螺纹连接件。具体来说，它是在金属零件上加工出螺纹牙，通常使用攻丝机进行加工，也可以在钳台上借助丝锥和丝锥扳手手工操作，是一种精细的加工工艺。攻螺纹只能加工三角形螺纹，属于连接螺纹，用于两件或多件结构件的连接。螺纹的加工质量直接影响到结构件的装配质量。攻螺纹的操作过程包括准备工作、攻螺纹、螺纹颈加工和螺纹牙组装等步骤。在攻螺纹之前，需要将待加工的螺纹零件放置在攻丝机上，并调整机器以确保能够加工出所需的螺纹尺寸和深度。攻螺纹时，使用攻丝机进行攻螺纹，直到螺纹牙完全形成。在完成螺纹牙的加工后，还需要对螺纹颈进行加工，以使其符合要求。最后，将加工好的螺纹颈和螺纹牙组装在一起，形成所需的螺纹连接件。攻螺纹工艺的优点在于可以制造出高精度、高强度和稳定的螺纹连接件，同时也可以控制加工过程中的误差和变形。但是,攻螺纹工艺需要多次加工,操作过程需要精度和耐心,且成本相对较高。

1. 丝锥和丝锥扳手

丝锥是一种用于在金属或其他材料上加工螺纹的刀具,通常由高速工具钢或合金工具钢制成。它由头部和柄部组成,头部有切削部分,可以加工出螺纹牙。丝锥的切削部分经过淬火和回火处理,以提高其硬度和耐磨性。丝锥的柄部一般为圆锥形,用于将其安装在钻床主轴或其他设备上。丝锥扳手是一种用于拆卸或拧紧丝锥的工具,通常由高碳钢制成。它的一端为套筒,可以套在丝锥柄部上,另一端为手柄,方便操作。使用丝锥扳手时,需要将套筒套在丝锥柄部上,然后通过旋转手柄来拧紧或拆卸丝锥。丝锥和丝锥扳手如图1-69所示。

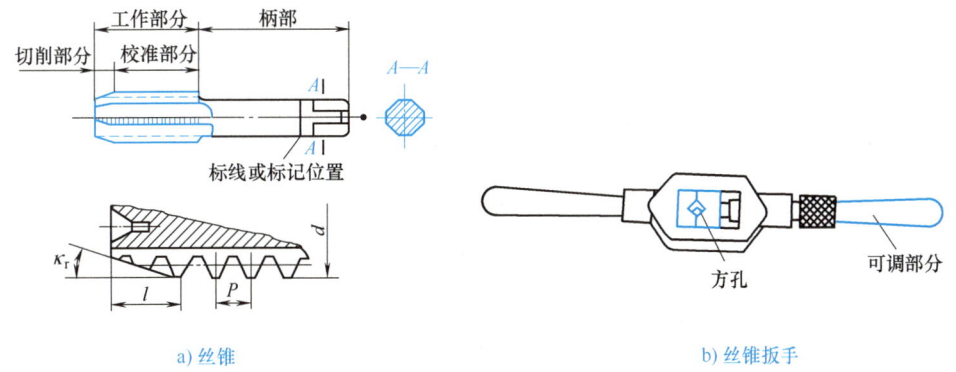

a) 丝锥　　　　　　　　　　　　b) 丝锥扳手

图1-69　丝锥和丝锥扳手

2. 攻螺纹方法

攻螺纹方法

螺纹必须在孔的基础上才能完成加工,根据需要攻螺纹的孔径选择合适的钻头。根据螺纹规格选择合适的丝锥,包括头锥和二锥,也称为头攻和二攻,头锥相当于攻螺纹工艺中的粗加工,二锥相当于精加工。润滑介质可选用机油,用于丝锥和工件之间的润滑,减少摩擦。手动操作在操作台上完成。

根据需要攻螺纹的规格确定底孔直径,并使用钻头进行钻削。丝锥攻内螺纹前,先要有螺纹底孔,理论上,底孔直径就是螺纹的小径。确定底孔直径大小时,要考虑工件材料塑性变形及钻孔扩张量等因素。丝锥攻螺纹时,伴随较强的挤压作用。因此,金属产生塑性变形形成凸起并挤向牙尖,攻出螺纹的小径小于底孔直径,因此,攻螺纹前的底孔直径应稍大于螺纹小径,否则攻螺纹时因挤压作用,使螺纹牙顶与丝锥牙底之间没有足够的容屑空间,将丝锥箍住,甚至折断丝锥。此种现象在攻塑性较大的材料时将更为严重。但是底孔不宜过大,否则会使螺纹牙型高度不够,降低连接强度。底孔直径大小可按经验公式计算得出。

1)在加工钢和塑性较大的材料及扩张量中等的条件下:

$$D_{钻} = D - P$$

式中　$D_{钻}$——攻螺纹钻螺纹底孔用钻头直径(mm);

　　　D——螺纹大径(mm);

　　　P——螺距(mm)。

2）在加工铸铁和塑性较小的材料及扩张量较小的条件下：
$$D_{钻}=D-(1.05\sim1.1)P$$

攻螺纹操作时，先将螺纹钻孔端面孔口倒角，以利于丝锥切入。选择合适的丝锥，将其正确安装在丝锥扳手上后，将丝锥头部沿铅垂方向放入孔中，先旋入一两圈，检查丝锥是否与孔端面垂直（可用目测或90°角尺在互相垂直的两个方向检查），然后继续轻压旋入。当丝锥的切削部分已经切入工件后，可只转动而不加压，每转一圈应倒转1/4圈，以便切屑断落，如图1-70所示。攻完头锥后逆向退出再继续用相同的方法攻二锥。每更换一锥，先要旋入一两圈，扶正定位，再用铰杠，以防乱扣。攻钢料工件时，加机油润滑可使螺纹光洁，并能延长丝锥使用寿命；对铸铁件，可加煤油润滑。

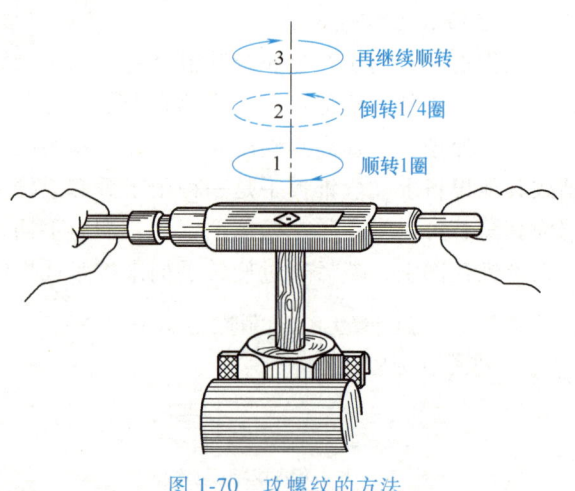

图1-70 攻螺纹的方法

3. 攻螺纹的注意事项

确保工件表面干净，无污垢和毛刺，否则影响丝锥定位。正确使用攻螺纹工具和操作方法，适度施加力度，避免过度施力或过度旋转，尤其是在施力时如果发现进锥困难，要及时检查情况，避免使用蛮力导致断锥或螺孔报废。定期清除切屑，以防止堵塞螺纹或损坏丝锥。在适当的时间间隔内使用螺纹测量工具检查螺纹的质量和精度。如果螺纹质量不符合要求，可以使用螺纹修复工具进行修复。正确佩戴个人防护装备，确保工作区域安全。

五、匠心讲堂

一把铣刀雕刻"产业报国"

董礼涛是哈电集团特级技师、高技能专家、全国劳动模范、中华技能大奖得主，并且享受国务院政府特殊津贴。年轻时，董礼涛就追求卓越。同样的机床，别的铣工将孔的尺寸误差控制在0.5mm内，董礼涛则控制在0.2mm内；别人将部件表面粗糙度打磨到6.3μm，他则瞄准更高一级的3.2μm甚至1.6μm。年复一年，董礼涛凭借着精准、细微、极致的工匠精神，将机械误差控制在0.01mm以内。0.01mm，一根头发直径的六分之一，这几乎是大型设备加工领域的极致。27岁时，他已是高级技师。他参与加工制造的国产首台30MW燃压机组，一举摘下装备制造业"皇冠上的明珠"。在海军重点工程中，有他120余项技术攻关应用，共为公司创造经济效益6000余万元。他的事迹被编入中国青少年教育丛书《共和国的建设者》，成为年轻人学习的榜样。他秉承产业报国的初心，扎根生产一线，专注于提高自己的铣工技术。董礼涛的技术水平逐年提高，他的铣削加工方式常常打破常规，提高了工作效率和产品质量。他先后取得20余项国家专利，完成了300余项技术创新。由于表现突出，中华全国总工会和中央广播电视总台授予董礼涛2023年"大国工匠年度人物"称号。

锤头加工任务书

班级：_____　　姓名：_____　　学号：_____

一、任务相关问题

1. 简述铣削的加工精度和加工范围。

　

2. 简述平面铣削对刀方法。

　

3. 简述钻孔操作注意事项。

　

4. 简述攻螺纹操作注意事项。

　

二、任务计划与讨论决策

小组讨论制订锤头加工计划，并填写表 1-10。

表 1-10 锤头加工计划表

选择机床型号		工件安装方式	
加工刀具		所需工具	
加工步骤			切削用量
1.			
2.			
3.			
4.			
5.			
6.			
7.			
8.			
9.			
10.			

三、任务实施记录

小组完成锤头加工，并记录加工过程，填入表 1-11。

表 1-11 锤头加工过程记录表

序号	项目	完成情况和存在问题
1		
2		
3		
4		
5		
6		
7		
8		
9		
10		

四、检查与评价

对加工完成的手柄进行自评、小组互评和教师评价,并将评价结果填入表1-12。

表1-12 锤头加工质量评价表

序号	项目	配分	评分标准	自评结果 30%	小组互评 30%	教师评价 40%
1	$20_{-0.1}^{0}$ 二处	20	每超差0.02mm扣1分,扣完为止			
2	85js14	5	每超差0.05mm扣1分,扣完为止			
3	45js14	10	每超差0.05mm扣1分,扣完为止			
4	35js14	10	每超差0.05mm扣1分,扣完为止			
5	4js14	10	每超差0.05mm扣1分,扣完为止			
6	M10	15	底孔不合格扣5分,螺纹加工质量问题酌情扣分			
7	⊥ 0.1 A	10	每超差0.02mm扣1分,扣完为止			
8	∥ 0.1 B	10	每超差0.02mm扣1分,扣完为止			
9	$Ra3.2\mu m$ 二处	10	每处不合格扣5分			
	合计	100				

五、总结与反思

_____

_____

_____

_____

_____

模块二 钳工实训

知识目标：

1）了解钳工在工业生产中的工作任务。

2）了解钳工职业素养和安全文明生产要求。

3）了解平面划线、锯削、锉削、钻孔、攻螺纹、套螺纹的基础知识。

技能目标：

1）初步掌握简单典型零件的加工工艺规程。

2）能够合理选择钳工工具对典型零件进行加工。

3）初步掌握钳工的操作方法，具备独立进行简单零件的加工、质量检测与分析能力。

素养目标：

1）培养耐心专注的意志力，领悟工匠精神的实质，培养协作精神。

2）培养严谨、认真、踏实的学习精神，激发自主创新的积极性，提升创新创业能力和可持续发展的能力。

3）提升5S标准化现场管理能力，养成良好的职业素养。

任务　平衡蜻蜓和支承座加工

一、工作任务

采用钳工加工的方法，完成平衡蜻蜓（图2-1、图2-2）和支承座（图2-3）的制作。

二、任务分析

平衡蜻蜓和支承座制作要点见表2-1。

三、知识链接

（一）钳工入门

1. 钳工的工作范围

（1）钳工工种的产生　钳工加工历史悠久，如古代铜镜，就是用研磨、抛光工艺最终

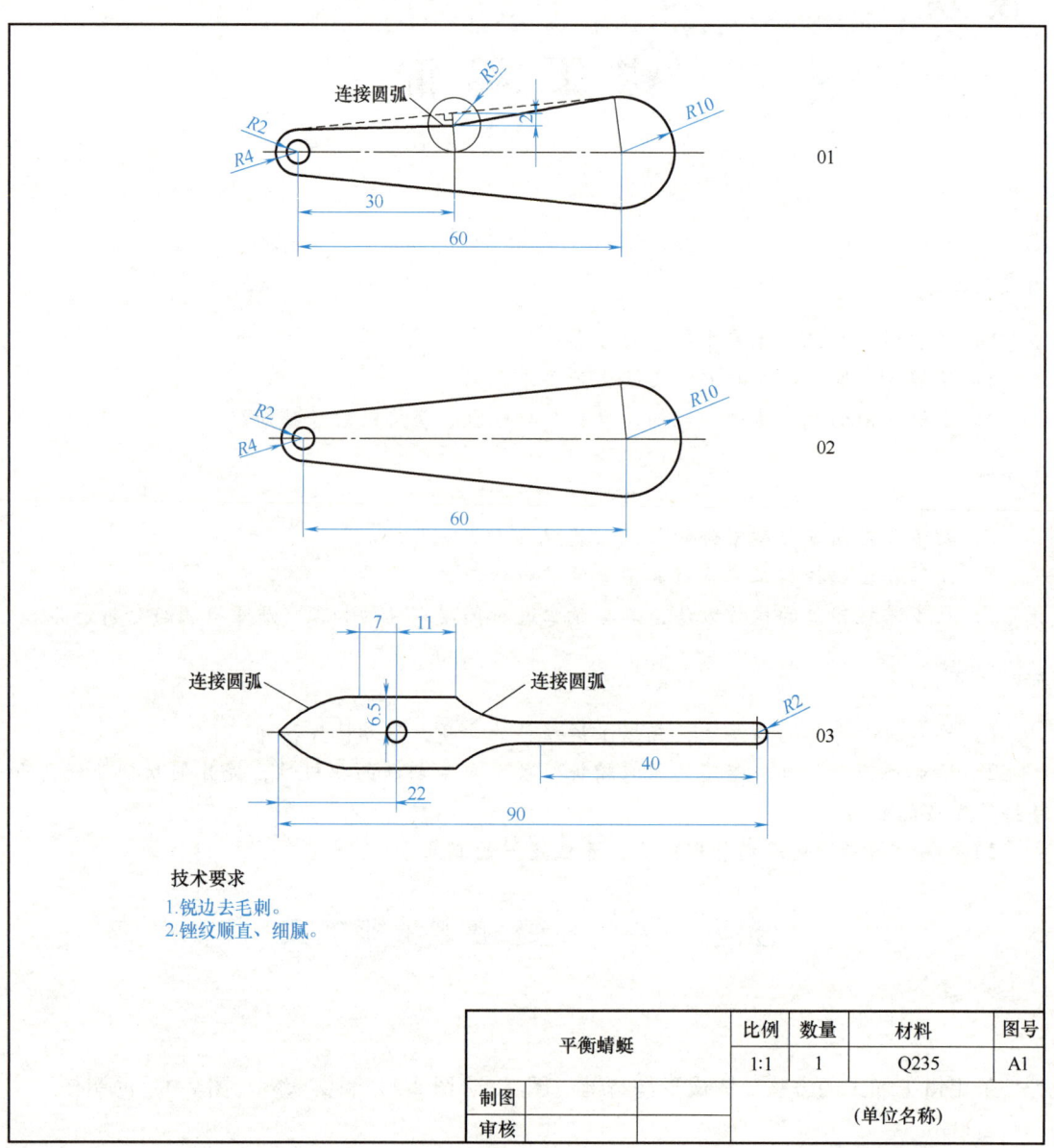

图 2-1 平衡蜻蜓（一）

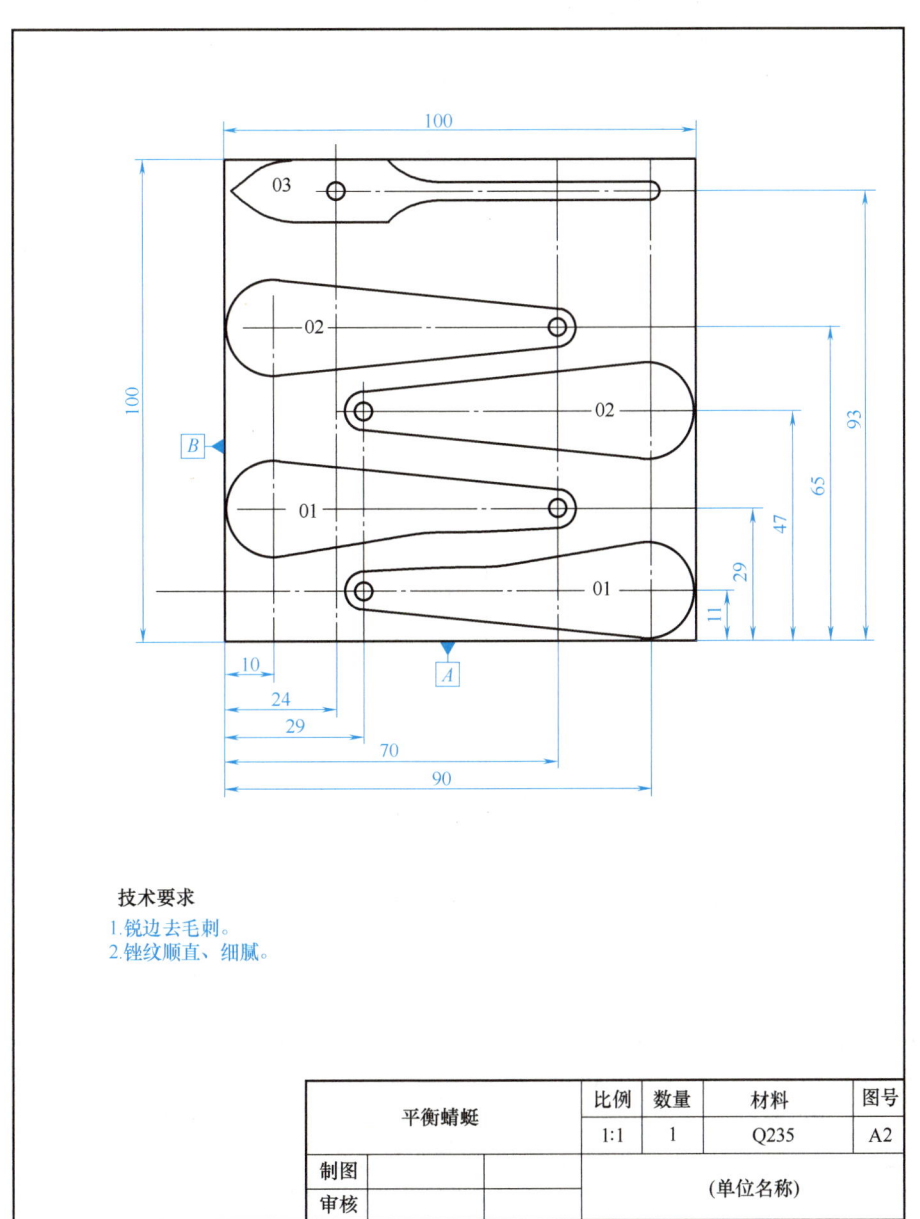

图 2-2 平衡蜻蜓（二）

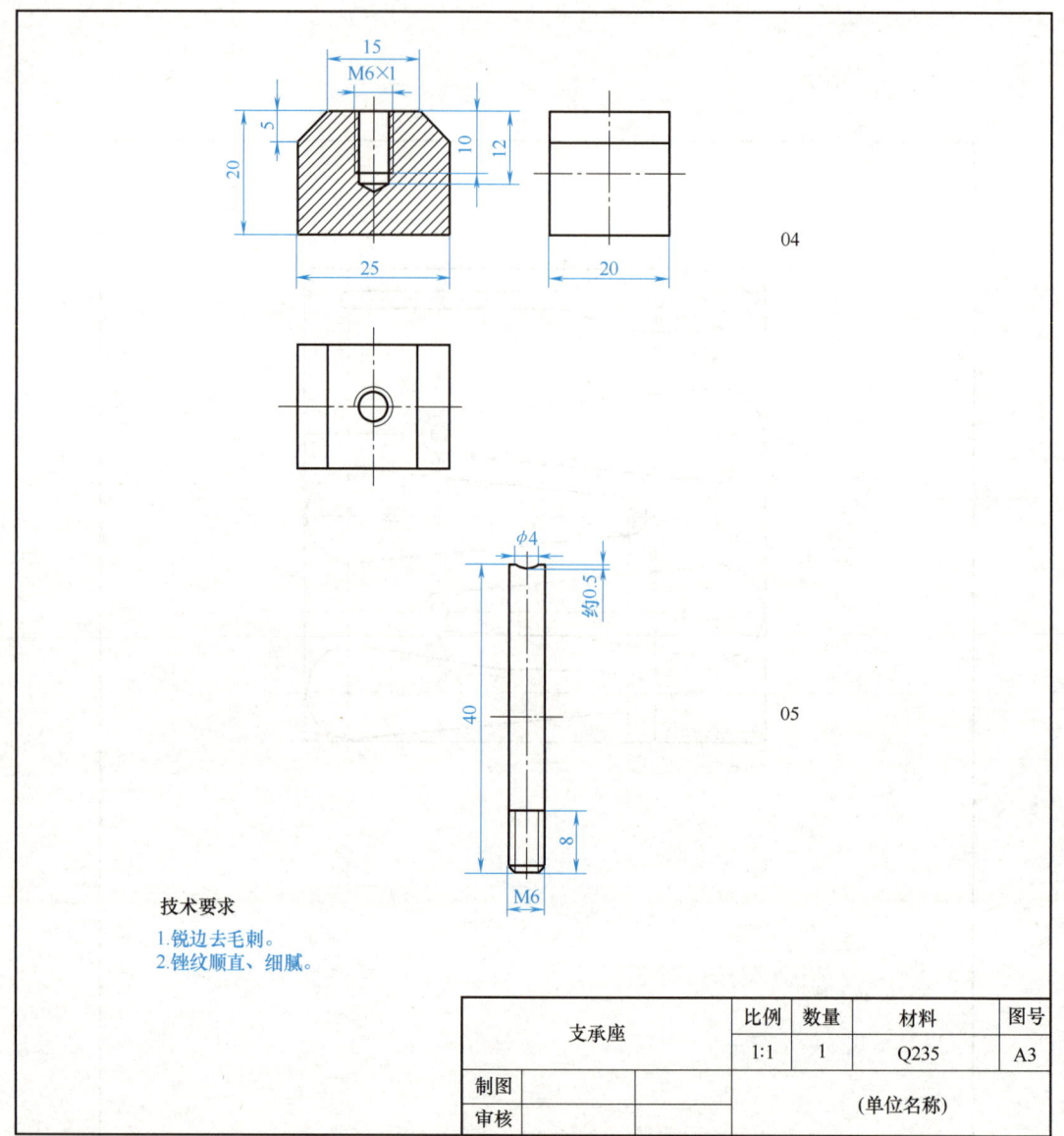

图 2-3 支承座

表 2-1 平衡蜻蜓和支承座制作要点

项目	零件名称	制作要点
1	翅膀 01	两个翅膀 01 要完全一样大小。先分别粗加工,精加工时合并同时加工
2	翅膀 02	两个翅膀 02 要完全一样大小。先分别粗加工,精加工时合并同时加工
3	主体 03	各段圆弧、线段要连续,不能出现明显缺陷
4	底座 04 和圆杆 05	底座 04 和圆杆 05 连接要求垂直,打孔和攻螺纹注意检测垂直度

制成的。随着科学技术的迅速发展,很多钳工加工工作被机床代替,但钳工加工作为机械制造中必不可少的工序仍然具有相当重要的地位。如机械产品的装配、维修,精密模具无法用

机床加工的部位，都需要钳工来完成。可见，钳工加工技术对机械制造技术的发展起到了十分重要的作用，它是机械制造冷加工技术的开创者，也是冷加工技术进步的推动者，它是很多机器零件制造中不可缺少的工艺手段，也是所有机械设备最终制造完成所必需的工种。

（2）钳工加工的内容　随着机械工业的发展，生产率的不断提高，钳工技术产生了专业性的分工，如修理钳工、装配钳工、工具制造钳工等，以适应不同工作的需要。

无论哪一种钳工，都必须掌握各项基本操作技能，包括划线、錾削、锉削、锯削、钻孔、扩孔、铰孔、锪孔、攻螺纹、套螺纹、铆接、矫正、弯曲、刮削、研磨以及基本测量技能和简单的热处理等。然后再根据分工不同进一步学习掌握好零件的钳工加工及产品和设备的装配、修理等技能。

（3）钳工的主要工作任务　任何一台机械设备的制造都要经过零件的加工制造、部件组装、整机装配和调整试运行等阶段，其中有大量的工作是用简单工具靠手工操作来完成的。钳工的工作任务范围很广，主要包括以下几方面：

1）零件的制造。有些零件，尤其是外形轮廓不规则的异形零件，在加工前往往要经过钳工的划线才能投入切削加工；有些零件的加工表面，采用机械加工的方法不太适宜或不能解决，这就要通过钳工利用錾、锯、锉、刮、研等工艺来完成。

2）精密工具、夹具、量具的制造。在工业生产中，常会遇到专用工具、夹具、量具的制造问题。这类用具的特点是单件、加工表面形状复杂、精度要求高，用机械加工困难或很不经济，此时可由钳工来制作。

3）机械设备的装配调试。零件加工完毕，钳工要进行部件组装和整机装配，而后根据设备的工作原理和技术要求进行调整和精度检测，还要进行整机试运行，发现问题并及时解决。

4）机械设备的维修。机械设备在运动中不可避免地会出现某些故障，这就需要钳工进行修理。机械设备使用一定时间后，会因为严重磨损而失去原有精度，需进行大修，这项工作也由钳工来完成。

5）技术革新。随着经济的发展，要求劳动生产率和产品质量进一步提高，所以不断地进行技术革新，改进工具和工艺，也是钳工的重要工作任务。

2. 钳工常用设备

（1）钳台　钳台也称钳桌，有多种式样。钳台的高度为800～900mm，安装机用虎钳时，钳口高度以齐人手肘为宜。钳台的主要作用是安装机用虎钳和存放钳工常用工、夹、量具，如图2-4所示。

图2-4　钳台

（2）机用虎钳　机用虎钳是用来夹持工件的通用夹具，其规格用钳口宽度来表示，常用规格有100mm、125mm和150mm等。

机用虎钳有固定式和回转式两种，如图2-5所示。两者的主要结构和工作原理基本相同，其不同点是回转式机用虎钳比固定式机用虎钳多了一个底座，工作时钳身可在底座上回转，因此使用方便、应用范围广，可满足不同方位的加工需要。

机用虎钳的使用及维护注意事项：

1）夹紧工件时只允许依靠手的力量扳紧手柄，不能用锤子敲击手柄或用加长管子来扳手柄，以免丝杠、螺母或钳身因受力过大损坏。

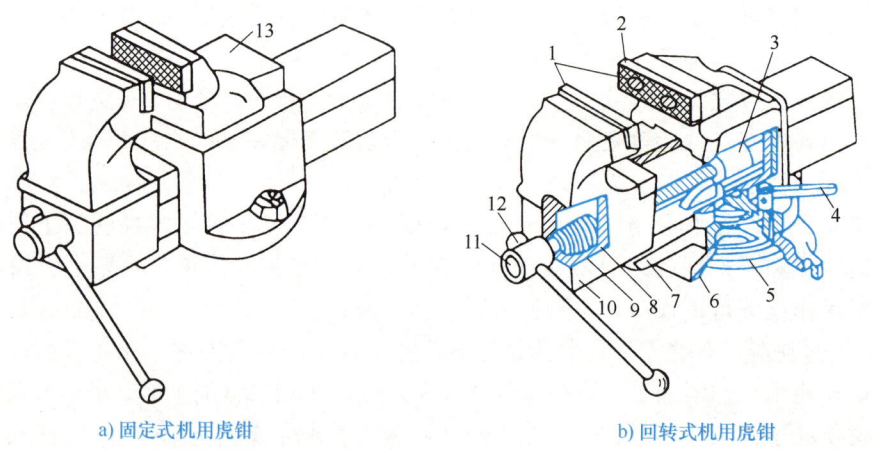

a) 固定式机用虎钳　　　　　　　　b) 回转式机用虎钳

图 2-5　机用虎钳

1—钳口　2—螺钉　3—螺母　4、12—手柄　5—夹紧盘　6—旋转盘　7—固定钳身
8—挡圈　9—弹簧　10—活动钳身　11—丝杠　13—砧台

2）锤击工件只可在砧台面上进行，不可在活动钳口上用锤子敲击。

3）强力作业时，使用力应尽量朝向固定钳身，否则，丝杠和螺母会因受到较大的力而导致螺纹损坏。

4）不要在活动钳身的光滑平面上进行敲击工作，以免降低活动钳身与固定钳身的配合性能。工件应夹在钳口的中部，以使钳口受力均匀。

5）机用虎钳在钳台上安装时，一定要使固定钳体的钳口工作面处于钳台边缘处，以保证夹持长条形工件时，不使工件的下端受到钳台边缘的阻碍。

6）丝杠、螺母和各运动表面应经常加油润滑，并保持清洁，以延长使用寿命。

3. 钳工基本操作中常用的工具、量具

钳工操作中常用的工具有划线用的划针、划线盘、划规、样冲、平板和方箱；锯割用的锯弓和锯条；锉削用的各种锉刀；孔加工用的各种麻花钻、锪钻和铰刀；攻螺纹、套螺纹用的各种丝锥、铰杠、板牙架、板牙；刮削用的各种刮刀；各种扳手和螺钉旋具等。

钳工操作中常用的量具有钢直尺、游标卡尺、外径千分尺、内卡钳、外卡钳、90°角尺、刀口形直尺、游标万能角度尺、塞尺、游标高度卡尺、百分表和半径规等。

4. 安全和文明生产的基本要求

1）主要设备的布局要合理，如钳台应放在光线适宜和工作方便的位置，面对面使用的钳台要装安全网，砂轮机、钻床应安装在场地的边沿，尤其是砂轮机的方位，要考虑到一旦砂轮飞出时不致伤人的要求。

2）使用的机床、工具要完好，如钻床、砂轮机、手电钻要经常检查，发现损坏应及时上报，在未修复前不得使用。

3）操作时要注意安全，使用电动工具时，要有绝缘防护和安全接地措施。使用砂轮时，要戴好防护眼镜。在钳台上进行錾削时，要有防护网。清除切屑要用刷子，不要直接用手清除或用嘴吹。

4）毛坯和加工零件要堆放整齐，并尽量放在搁架上，已加工的零件表面不得敲击、碰伤。

5）工具、量具的放置与收藏要整齐合理、取用方便，不许任意堆放，以防损坏。精密的工具、量具要轻放。常用的工具、量具应放在工作位置附近，并分开放在指定的位置，用后要及时维护与收藏。

6）工作场地应保持整洁、做到文明生产，工作完毕后，设备、工具均需清洁或涂油防锈，并放回原来的位置。工作场地要清扫干净，切屑等污物要送指定的堆放地点。

（二）划线

根据图样的尺寸要求，用划线工具在毛坯或半成品工件上划出待加工部位的轮廓线或作为基准的点、线的操作称为划线。划线分平面划线和立体划线两种。

1. 平面划线

在工件一个表面上划线即可明确表示加工界线的，称为平面划线，如图 2-6 所示。

2. 立体划线

需要在工件几个互成不同角度（一般是互相垂直）的表面上划线，才能明确表示加工界线的，称为立体划线，如图 2-7 所示。

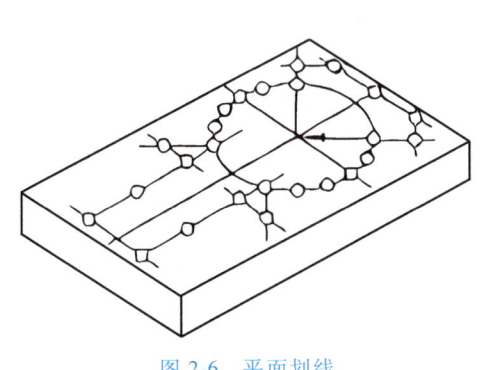 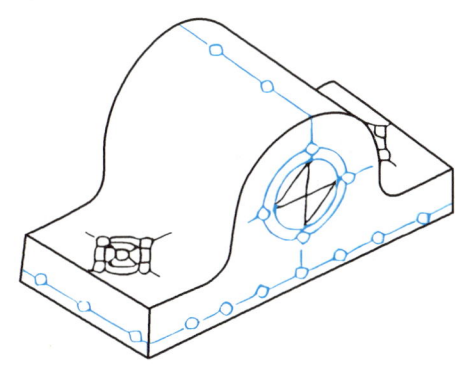

图 2-6　平面划线　　　　　　　　　图 2-7　立体划线

3. 划线的作用

1）确定工件的加工余量，使机械加工有明确的尺寸界线。

2）便于复杂工件在机床上安装，可以按划线找正定位。

3）能够及时发现和处理不合格的毛坯，避免加工后造成更大损失。

4）当毛坯误差不大时，可通过借料划线的方法进行补救，提高毛坯的合格率。

4. 划线基准的选择

（1）基准的概念　设计基准是指在零件图样上，用来确定其他点、线、面位置的基准。划线基准是指在划线时选择工件上的某个点、线、面作为依据，用它来确定工件的各部分尺寸、几何形状及工件上各要素的相对位置。

（2）划线基准的选择原则　划线时，应从划线基准开始。在选择划线基准时，应先分析图样，找出设计基准。一般地，平面划线和立体划线分别有 2 个和 3 个划线基准。划线基准的选择原则是：

1) 尽量与设计基准重合。
2) 对称形状的工件，应以对称中心线为基准。
3) 有孔或凸台的工件，应以主要孔或凸台的中心线为基准。
4) 未加工的毛坯件，应以主要的面积较大的不加工面为基准。
5) 加工过的工件，应以加工后面积较大的表面为基准。

（3）划线基准的类型　常见的划线基准有以下三种类型。

1) 以两个互相垂直的平面（线）为基准（图 2-8a）。
2) 以两互相垂直的中心平面（线）为基准（图 2-8b）。
3) 以一个平面与一对称平面（线）为基准（图 2-8c）。

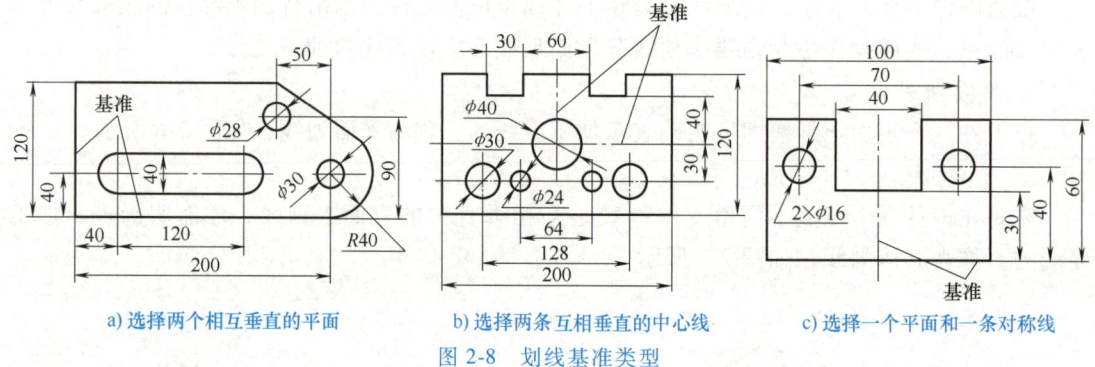

a) 选择两个相互垂直的平面　　b) 选择两条互相垂直的中心线　　c) 选择一个平面和一条对称线

图 2-8　划线基准类型

（三）锯削

1. 锯削的工作范围

锯削是指用锯把材料或工件进行分割或切槽的加工方法，可以分为机械锯削和手工锯削两大类。

锯削的工作范围：

1) 分割各种材料及半成品，如图 2-9a 所示。

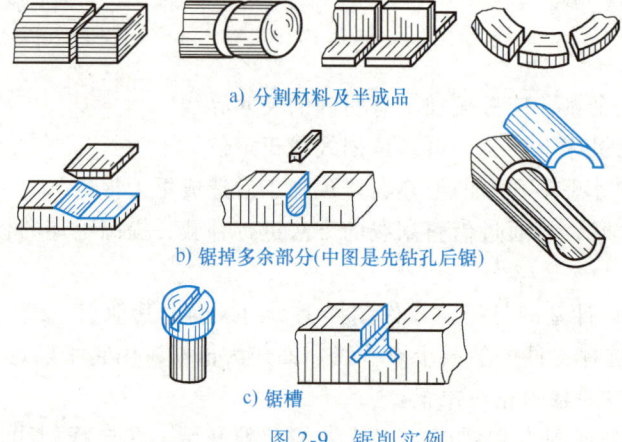

a) 分割材料及半成品

b) 锯掉多余部分(中图是先钻孔后锯)

c) 锯槽

图 2-9　锯削实例

2）锯掉工件上多余部分，如图 2-9b 所示。

3）在工件上锯槽，如图 2-9c 所示。槽较宽时也可同时装夹 2~3 条锯条进行锯削。

2. 锯削工具

（1）锯弓　锯弓的作用是装夹并张紧锯条，且便于双手操作。锯弓分固定式和可调式两种，如图 2-10 所示。固定式锯弓只能安装固定长度的锯条；可调式锯弓通过调整可以安装不同长度的锯条。由于可调式锯弓的手柄便于用力，所以目前被广泛使用。

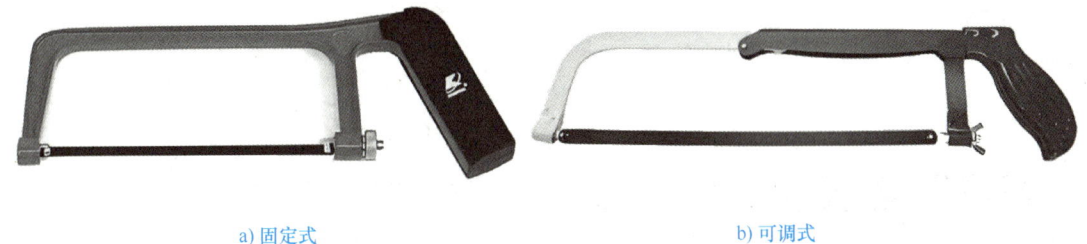

a) 固定式　　　　　　　　　　　　　　b) 可调式

图 2-10　锯弓的构造

（2）锯条　锯条是用来直接锯削材料或工件的刀具。锯条的长度以两端装夹孔的中心距来表示，手锯常用的锯条长 300mm、宽 12mm、厚 0.8mm。锯齿的形状和排列分别如图 2-11 和图 2-12 所示。

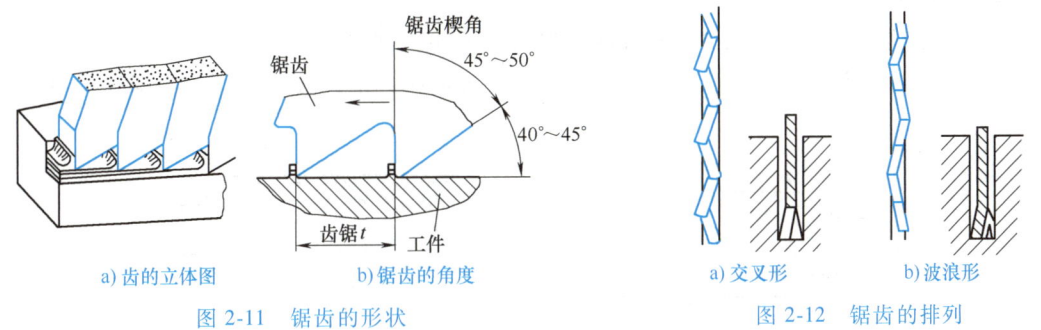

a) 齿的立体图　　　　　b) 锯齿的角度　　　　　a) 交叉形　　　　b) 波浪形

图 2-11　锯齿的形状　　　　　　　　　图 2-12　锯齿的排列

（3）锯齿粗细的选择　锯齿粗细以锯条每 25mm 长度内的锯齿数来表示，齿数越多，锯齿越细。锯齿粗细根据被加工材料的软硬和厚薄来选择。

1）锯削软材料或厚材料时，应选择粗齿锯条。因为软或厚的材料，在锯削时，锯屑较多，要有较大的容屑空间，如纯铜、青铜、铝、铸铁和低碳钢等。

2）中等硬度材料选用中齿锯条。

3）锯削硬或薄的材料时，应选用细齿锯条。因为硬的材料锯齿不易切入，不需要大的容屑空间，由于切削齿数多，每齿锯削力小，材料容易被切除。锯削薄的材料，同样工作齿数多，每锯齿承受的切削力较小，锯齿不易被崩裂。如工具钢、合金钢，各种管材、薄板料、角铁等。

（四）锉削

1. 锉削的工作范围

用锉刀对工件表面进行切削加工的方法称为锉削。锉削多用于锯削和錾削之后，锉削的精度可达到 0.01mm，表面粗糙度值可达 $Ra0.8\mu m$。

2. 锉削工具

锉刀由碳素工具钢 T12、T13 或 T12A、T13A 制成，经热处理后切削部分硬度可达 62～68HRC。

1）锉刀的构造。锉刀由锉身和锉柄两部分组成。锉刀各部分的名称如图 2-13 所示。

2）锉刀的锉齿。锉刀有无数个锉齿，锉削时每个锉齿都在对材料进行切削，如图 2-14 所示。

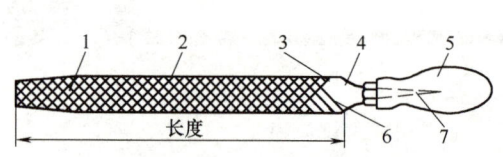

图 2-13　锉刀各部分名称

1—锉刀面　2—锉刀边　3—底齿
4—锉刀尾　5—木柄　6—面齿　7—舌

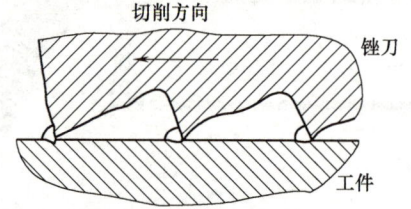

图 2-14　锉齿的形状

3）锉刀的齿纹。锉纹是锉齿有规则排列的图案。锉刀的齿纹有单齿纹和双齿纹两种，如图 2-15 所示。

① 单齿纹。单齿纹如图 2-15a 所示，常用来锉削软材料。

② 双齿纹。双齿纹如图 2-15b 所示，有两个方向排列的齿纹，适用于锉削硬材料。

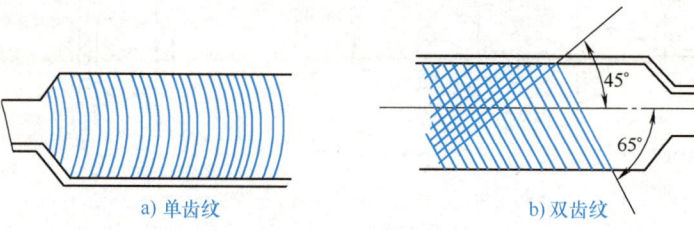

a) 单齿纹　　　　b) 双齿纹

图 2-15　锉刀的齿纹

3. 锉刀的种类及用途

锉刀按其用途不同可分为普通锉、异形锉（特种锉）和整形锉三种。

（1）普通锉　按其断面形状不同可分为平锉（板锉）、方锉、三角锉、半圆锉和圆锉五种，如图 2-16 所示。

（2）异形锉（特种锉）　按锉削工件的特殊表面可分为刀口锉、菱形锉、扁三角锉、椭圆锉、圆肚锉等，有直锉和弯脖锉之分，主要用于加工零件的特殊表面，如模具形腔凹平面、凹曲面、凹斜面等，如图 2-17 所示。

（3）整形锉　按各种断面形状分组配备的小锉，主要用于修整工件上的细小部分，如图 2-18 所示。通常以 5 把、6 把、8 把、10 把或 12 把为一套。

4. 锉刀的规格

锉刀的规格分为尺寸规格和齿纹的粗细规格。

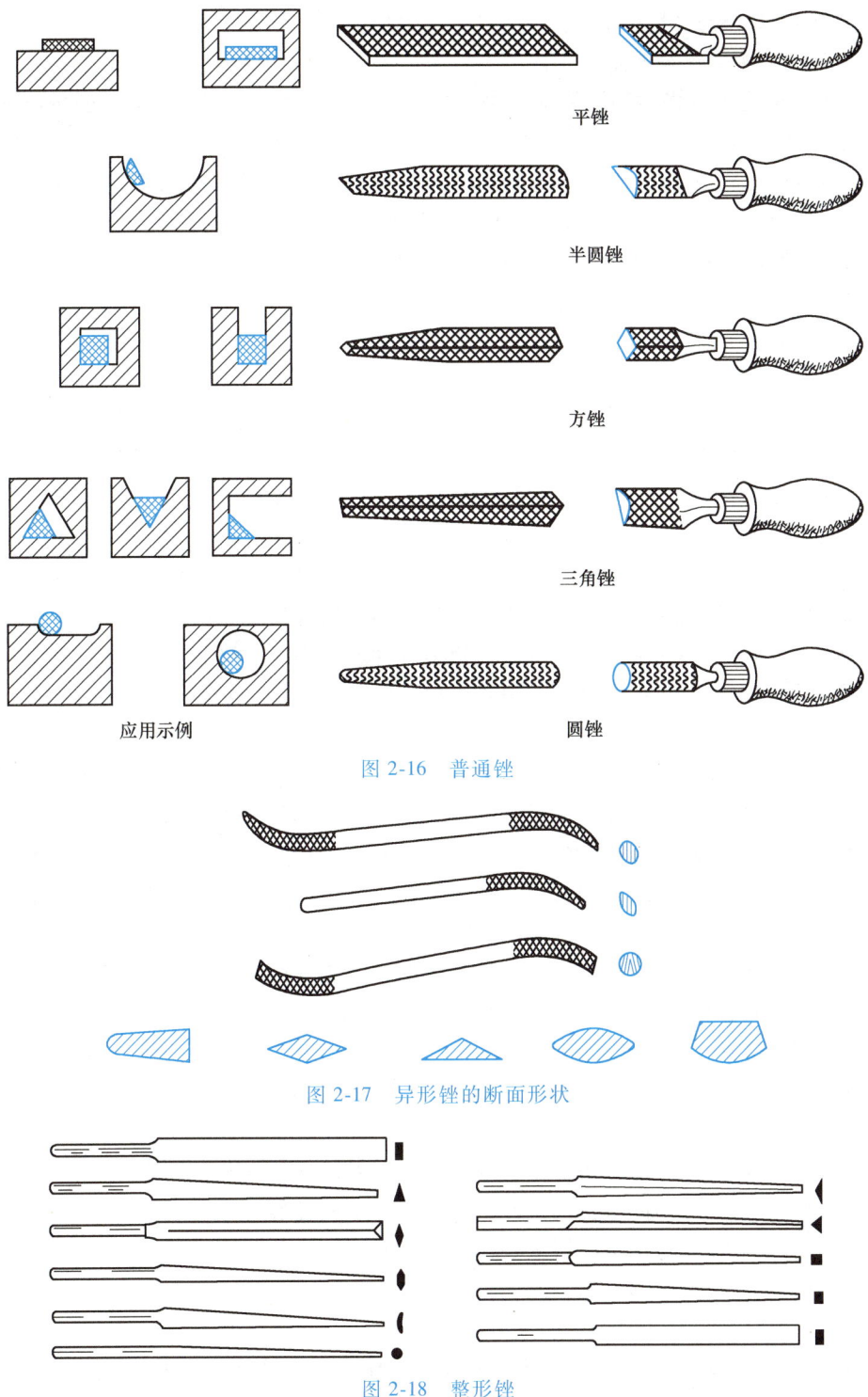

图 2-16 普通锉

图 2-17 异形锉的断面形状

图 2-18 整形锉

(1) 尺寸规格　不同锉刀的尺寸规格用不同的参数表示。

1) 圆锉刀以直径表示。

2）方锉刀以方形尺寸表示。

3）其他锉刀则以锉身长度表示。

(2) 齿纹的粗细规格　齿纹粗细规格以锉刀每 10mm 轴向长度内主锉纹的条数表示。

5. 锉刀的选择

每种锉刀都有它适用的对象，如果选择不当，就不能充分发挥它的效能或导致锉刀过早地丧失切削能力。因此，锉削之前必须正确地选择锉刀。

1）锉刀断面形状的选择决定于工件表面的形状。

2）锉刀长度规格的选择决定于工件锉削面积的大小。

3）锉刀粗细的选择决定于工件材料的性质、加工余量的大小、加工精度的高低和表面粗糙度值的大小等。

粗齿锉刀由于齿距较大、不易堵塞，一般用于锉削铜、铝等软金属及加工余量大、精度低和表面粗糙工件的粗加工；中齿锉刀齿距适中，适于粗锉后的加工；细齿锉刀可用于锉削钢、铸铁（较硬材料）以及加工余量小、精度要求高和表面粗糙度值低的工件；油光锉用于最后修光工件表面。

6. 锉刀的保养

1）新锉刀要先使用一面，用钝后再使用另一面，以延长其使用寿命。

2）锉刀不能沾水和沾油，否则容易使锉刀锈蚀或锉削时打滑。

3）不可用锉刀锉毛坯件的硬皮、氧化皮以及淬硬的表面，否则锉齿容易变钝而丧失锉削能力。

4）使用锉刀推锉时速度不宜太快；回收时不准有压力，否则容易缩短其使用寿命。

5）锉刀在使用过程中或锉削完毕时，都要用锉刷或铜片顺着锉纹及时刷去嵌入齿槽的锉屑，以免锉刀生锈和降低锉削效率。

6）在锉削时，应充分使用锉刀的有效全长，既提高了锉削效率，又可使锉齿避免局部磨损。

7）锉刀不管是使用还是存放，都要放置合理，不能重叠堆放，以免损坏锉齿。

8）使用整形锉时用力不可过猛，以免折断锉刀。

7. 锉削时的文明生产和安全知识

1）锉刀是右手工具，应放在机用虎钳的右面，放在钳台上时锉刀柄不可伸到钳桌外面，以免碰落地上砸伤脚或损坏锉刀。

2）没有装柄的锉刀、锉刀手柄已裂开或没有锉刀柄箍的锉刀不可使用。

3）锉削时锉刀手柄不能撞击到工件，以免锉刀手柄脱落造成事故。

4）不能用嘴吹锉屑，也不能用手擦摸锉削表面。

5）锉刀不可作撬棒或锤子用，否则容易折断。

(五) 钻削

在零件上进行孔加工的设备有车床、镗床、铣床、钻床等机床，钳工加工孔的方法一般是指钻孔、扩孔、锪孔和铰孔。钻孔只能加工要求不高的孔或进行孔的粗加工，钻孔的公差等级只能达到 IT11~IT10，表面粗糙度只能达到 $Ra100~25\mu m$。扩孔常用于孔的半精加工，扩孔的公差等级可达到 IT10~IT9，表面粗糙度可达 $Ra3.2\mu m$。铰孔是对孔的精加工，铰孔的公差等级可达到 IT9~IT7，表面粗糙度可达到 $Ra1.6$~$0.2\mu m$。

1. 钻床

常用的钻床有台式钻床、立式钻床、摇臂钻床三种，手电钻也是钳工常用的钻孔工具。

（1）台式钻床　台式钻床简称台钻，如图 2-19 所示。台钻是一种小型钻床，一般用来加工小型零件上的小孔（直径≤12mm），其主轴的进给运动采用手动操作。改变装在电动机和头架上的五级 V 带轮和 V 带的不同安装位置，可使主轴获得五种转速。一般来说，钻小直径的孔，转速应高些，反之，转速应低些。

台钻重量轻，移动方便，灵活性较大，可适应各种场合下的钻孔需要，但因转速较高，不适用于锪孔和铰孔。

（2）立式钻床　立式钻床简称立钻，如图 2-20 所示。一般用来加工中型零件上的孔。立钻的规格用最大钻孔直径表示。常用的立钻规格有 25mm、35mm、40mm 和 50mm 等几种。立钻与台钻相比，立钻刚性好，功率大，因而允许采用较高的切削用量，生产率高，加工精度也较高。

立钻的主轴转速和进给量都有较大的变动范围，而且可以自动进给，因此可适应不同的刀具进行钻孔、扩孔、锪孔、铰孔、攻螺纹等多种加工。立钻适用于单件、小批量生产中的中、小型零件加工。

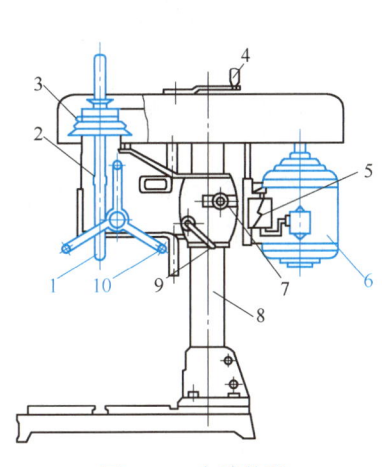

图 2-19　台钻外形

1—主轴　2—头架　3—塔轮　4—摇把
5—转换开关　6—电动机　7—螺钉
8—立柱　9—手柄　10—进给手柄

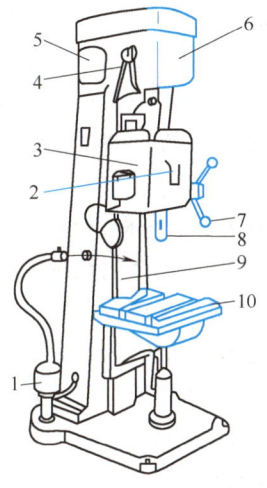

图 2-20　立钻外形

1—冷却电动机　2—进给变速手柄　3—进给变速箱
4—手柄　5—主电动机　6—主轴变速箱
7—进给手柄　8—主轴　9—立柱　10—工作台

（3）摇臂钻床　用立式钻床在一个工件上加工多孔时，每加工一个孔，工件就得移动找正一次。这对于加工大型工件是非常困难的，并且难以保证钻头中心准确地与工件上的钻孔中心重合。此时，采用主轴可以移动的摇臂钻床来加工这类工件就比较方便。

2. 钻孔

用钻头在实体材料上加工孔的方法称为钻孔，如图 2-21 所示。它只能加工要求不高的孔或进行孔的粗加工。钳工钻孔多在钻床上进行，有时也用电钻钻孔。

在钻床上进行钻孔时，钻头的旋转是主运动，钻头沿轴向移动是进给运动。

钻削加工具有钻削力大、切削温度高、摩擦严重、传热散热困难、钻孔易产生振动、钻头易磨损和加工精度低等特点。

（1）麻花钻头的结构　钻头是钻孔的主要工具，种类较多，有麻花钻、中心钻、扁钻和深孔钻等。麻花钻是钳工最常用的钻头之一。麻花钻一般用高速工具钢（W18Cr4V 或 W9Cr4V2）制成，淬火后硬度为 62～68HRC。麻花钻由柄部、颈部和工作部分组成，如图 2-22 所示。

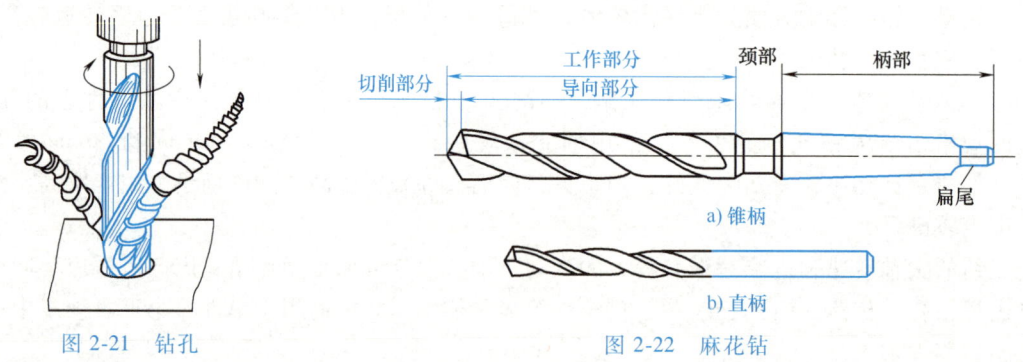

图 2-21　钻孔

图 2-22　麻花钻

1）柄部。柄部是麻花钻的夹持部分，用于传递转矩。直径在 φ13mm 以下的麻花钻一般做成直柄，大于或等于 φ13mm 的麻花钻做成锥柄。锥柄扁尾的作用是防止麻花钻与钻套或主轴锥孔之间打滑而且便于麻花钻的拆卸。

2）颈部。颈部在磨削麻花钻时作退刀槽使用，钻头的规格、材料及商标常打印在颈部。

3）导向部分。导向部分在切削过程中能保持钻头正直的钻削方向和具有修光孔壁的作用。导向部分有两条窄的螺旋形棱边，它的直径向柄部逐渐减小且略有倒锥，能保证钻头切削时的导向作用，又减少了钻头与孔壁的摩擦。

4）螺旋槽。钻头有两条螺旋槽，它的作用是构成切削刃，利于排屑和切削液畅通。钻头最外缘螺旋线的切线与钻头轴线的夹角形成螺旋角。

5）切削部分。切削部分起主要的切削作用。

（2）钻孔方法

1）钻孔前的准备。

① 工件的划线。按钻孔的位置尺寸要求划出孔的十字中心线，并打上中心样冲眼（要求冲点要小，位置要准），按孔的大小划出孔的圆周线。对直径较大的孔，还应划出几个大小不等的检查圆（图 2-23a），以便钻孔时检查和借正钻孔位置。当钻孔的位置尺寸要求较高时，也可直接划出以孔中心线为对称中心的几个大小不等的方框（图 2-23b），作为钻孔时的检查线。划完线后将中心眼敲大，以便正确落钻定心。

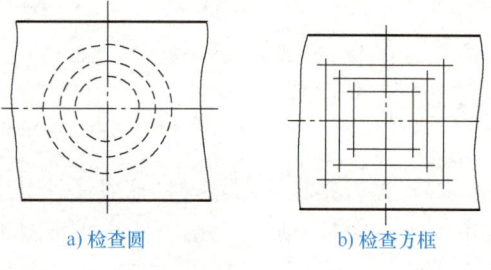

图 2-23　孔位检查线形式

② 工件的装夹。工件钻孔时，要根据工件的不同形体及钻削力的大小等情况，采用不同的夹具进行装夹，夹紧工件时不准用锤子用力敲击夹紧手柄。

③ 正确选择切削用量和切削速度。

④ 正确选择切削液。

⑤ 正确选择钻头，并将钻头夹紧。

2）起钻。钻孔时，先使钻头对准孔中心起钻出一浅坑（约占孔径的1/4），观察其位置是否正确，并不断校正，使起钻浅坑与划线同轴。如有偏离，可采用借正的方法进行纠正。

3）借正方法。如偏位较少，可在起钻的同时用力将工件向偏位的反向推移，逐步纠正；如偏位较多，可在纠正方向打上几个中心冲眼或用油槽錾錾出几条槽，以减少此处切削阻力，达到纠正目的，如图 2-24 所示。

4）正式钻孔。当起钻达到钻孔位置要求后，即可压紧工件完成钻孔。手动进给时，进给用力不应使钻头产生弯曲现象，以免钻孔轴线歪斜（图 2-25）。钻小直径孔或深孔时，进给力要小，并要经常退钻排屑，以免切屑阻塞而扭断钻头。

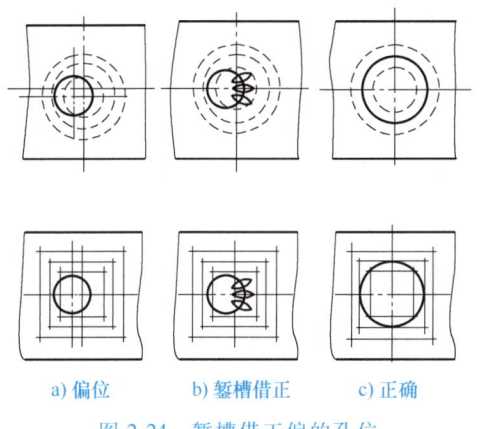

a) 偏位　　b) 錾槽借正　　c) 正确

图 2-24　錾槽借正偏的孔位

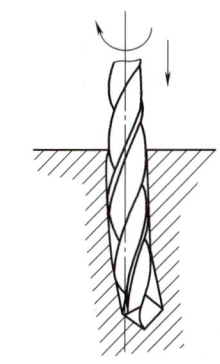

图 2-25　钻孔时轴线的歪斜

① 钻通孔。孔将要钻穿时，进给力必须减小，以防进给量突然过大，增大切削扭转抗力，造成钻头卡住折断，或者使工件随钻头转动造成事故。

② 钻不通孔。要注意掌握钻孔深度，以免将孔钻深出现质量事故。控制钻孔深度的方法有调整好钻床上深度标尺挡块、安置控制长度量具或用粉笔做标记。

③ 钻深孔。当孔深超过孔径 3 倍时，即为深孔。钻深孔时要经常退出钻头及时排屑和冷却，否则容易造成切屑堵塞或使钻头切削部分过热导致磨损甚至折断，影响孔的加工质量。

（3）钻孔的安全注意事项

1）操作人员衣袖要扎紧，衣服扣子要扣好，严禁戴手套，长头发的同学特别是女同学必须戴工作帽，头发要全部藏在帽子里面。

2）工件夹紧必须牢固，工件在装夹过程中，要防止夹具等工具滑落造成人身事故。

3）开动钻床前，须检查是否有钻夹头钥匙或斜铁插在钻轴上，如有，应拿掉。

4）先停车后变速。用钻夹头装夹钻头时，要用钻夹头钥匙紧固，不要用扁铁和锤子敲击，以免损坏夹头。钻头从钻头套中退出要用斜铁敲出；钻头从钻夹头退出，要用钻夹头钥匙。工件装夹时，必须做好装夹面的清洁工作。

5）不可用手和棉纱头或用嘴吹清除切屑，必须用毛刷清除。钻出长条切屑时，先用钩子钩断后除去，以防铁屑伤手和伤眼。

6）头不准与旋转主轴靠得太近，停车时应让主轴自然停止，不可用手去制动，也不能用反转制动。

7）严禁开车状态下装拆工件。检查工件及变换主轴转速时，必须停车进行。

8）钻通孔时，孔的下面应留出足够的空隙或在工件下面垫放垫块，防止钻头钻透底面进而钻伤钻床工作台面或夹持工件的夹具。孔将钻穿时要尽量减小进给力，以防造成钻头折断或人身事故。

9）钻不通孔时，要注意钻孔深度的控制，要调整好钻床深度标尺挡块，或其他必要的限位措施，必须确保钻孔质量和安全。

10）钻深孔（孔深与孔径之比大于3）时，进给量必须小，钻头要定时提起排屑，以防因排屑不畅而引起切屑阻塞损伤内孔表面，造成钻头磨损或折断。

11）钻大直径孔时，因钻头横刃轴向阻力较大，应先用小钻头进行预钻孔，然后再用大钻头钻孔。直径超过 30mm 的孔应分两次钻削。

12）钻大工件大孔时，应将工件直接用压板压在钻床的工作台上。在搭压板时应注意：压板厚度与压紧螺栓直径的比例适当；压板螺栓应尽量靠近工件，垫铁应比工件压紧表面高度稍高，以便对工件有较大的压紧力；当压紧表面为已加工表面时，要用衬垫（铜皮、铝皮或厚纸片）进行保护，以防压出印痕；在拧紧螺钉时，应分别均匀拧紧。

13）清洁钻床或加润滑油时，必须关闭电动机。

（六）攻螺纹与套螺纹

1. 攻螺纹

用丝锥在工件孔中切削出内螺纹的加工方法称为攻螺纹。螺纹连接是机械连接方法中最常见的一种可拆卸的连接方法。

（1）攻螺纹工具

1）丝锥。丝锥是加工内螺纹的工具，其结构如图 2-26 所示。

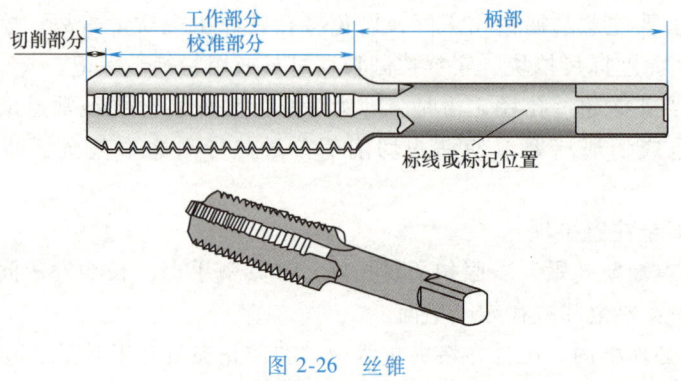

图 2-26　丝锥

① 丝锥的结构。

a. 切削部分。切削部分是圆锥形，切削刃分布在圆锥表面上，使切削负荷分布在几个刀齿上，这样可使工作省力、不易产生崩刃、引导作用较好和保证螺纹孔的表面粗糙度。

b. 校准部分。丝锥校准部分具有完整的牙型，用来修光和校准已切出的螺纹，并起导向作用。

c. 柄部。丝锥柄部有方头，以便用铰杠装夹和旋转。

d. 容屑槽。一般丝锥的容屑槽有3~4条，可容纳切屑，并形成切削刃和前角。为了制造和刃磨方便，丝锥上容屑槽一般做成直槽。有些专用丝锥为了控制排屑方法，做成螺旋槽。螺旋槽丝锥有左旋和右旋之分。加工不通孔螺纹，为使切屑向上排出，容屑槽被做成右旋槽；加工通孔螺纹，为使切屑向下排出，容屑槽被做成左旋槽。

② 成套螺纹锥的选择。每种型号的丝锥一般由两支或三支组成一套，分别称为头锥、二锥和三锥。成套螺纹锥分次切削，依次分担切削量，以减轻每支丝锥单齿切削负荷。成套螺纹锥中，对每支丝锥切削量的分配有锥形分配和柱形分配种两种方式。

a. 根据锥形分配来选择，如图2-27a所示。其特点是一组丝锥中，每支丝锥的大径、中径、小径都相等，只是切削部分的锥角及长度不等。切削部分最长的是头锥，依次为二锥和三锥。攻螺纹时，先攻头锥，以头锥、二锥、三锥按顺序攻削至标准尺寸。锥形分配的丝锥，由于头锥能一次攻削成形，因而切削厚度大，切屑变形严重，加工表面的表面粗糙度值大。

b. 根据柱形分配来选择，如图2-27b所示。其特点是头锥和二锥的大、中、小径都比三锥小。头锥和二锥的中径一样大，头锥大径小，二锥大径大。攻螺纹时先攻头锥，然后依次按顺序攻削至标准尺寸。柱形分配的丝锥，切削省力，每支丝锥磨损量小，寿命长，加工表面的表面粗糙度值小。

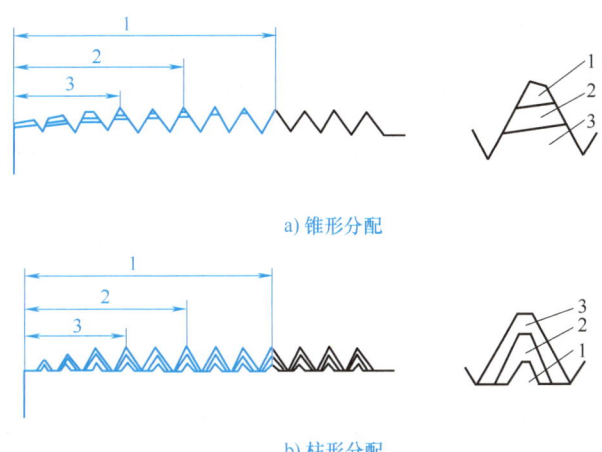

a) 锥形分配

b) 柱形分配

图2-27 成套螺纹锥的切削用量分布

1—头锥　2—二锥　3—三锥

2）铰杠。铰杠是手工攻螺纹时用来夹丝锥的工具，分普通铰杠（图2-28）和丁字铰杠（图2-29）两类。各类铰杠又可分为固定式和活络式两种，其中丁字铰杠用于在高凸旁边或箱体内部攻螺纹，活络式丁字铰杠用于M6以下的丝锥，普通铰杠固定式用于M5以下的丝锥。

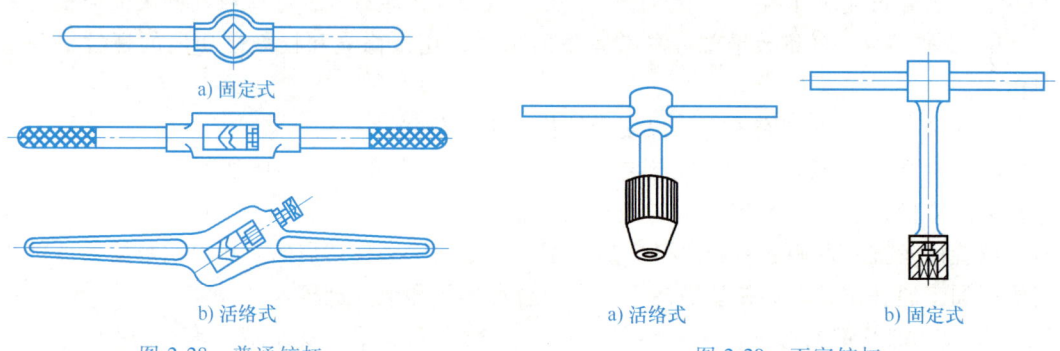

图 2-28　普通铰杠　　　　　　　图 2-29　丁字铰杠

（2）攻螺纹前底孔直径和深度的确定

1）攻螺纹前底孔直径的确定。

① 攻制钢件或塑性较大材料时，底孔直径的计算公为

$$D = d - P$$

式中　D——螺纹底孔直径（钻头直径）（mm）；

　　　d——螺纹外径（mm）；

　　　P——螺距（mm）。

② 攻制铸铁件或塑性较小材料时，底孔直径的计算公式为

$$D = d - (1.05 \sim 1.1)P$$

常用的粗牙、细牙普通螺纹攻螺纹钻底孔用钻头直径，可以从表 2-2 中查得。

表 2-2　常用的粗牙、细牙普通螺纹攻螺纹钻底孔用钻头直径表　　（单位：mm）

螺纹外径 d	螺距 P	钻头直径 D		螺纹外径 d	螺距 P	钻头直径 D	
		铸铁、青铜、黄铜	钢、可锻铸铁、纯铜、层压板			铸铁、青铜、黄铜	钢、可锻铸铁、纯铜、层压板
2	0.4	1.6	1.6	10	1.5	8.4	8.5
	0.25	1.75	1.75		1.25	8.6	8.7
					1	8.9	9
					0.75	9.1	9.2
2.5	0.45	2.05	2.05	12	1.75	10.1	10.2
	0.35	2.15	2.15		1.5	10.4	10.5
					1.25	10.6	10.7
					1	10.9	11
3	0.5	2.5	2.5	14	2	11.8	12
	0.35	2.65	2.65		1.5	12.4	12.5
					1	12.9	13
4	0.7	3.3	3.3	16	2	13.8	14
	0.5	3.5	3.5		1.5	14.4	14.5
					1	14.9	15
5	0.8	4.1	4.2	18	2.5	15.3	15.5
	0.5	4.5	4.5		2	15.8	16
6	1	4.9	5		1.5	16.4	16.5
	0.75	5.2	5.2		1	16.9	17
8	1.25	6.6	6.7				
	1	6.9	7				
	0.75	7.1	7.2				

(续)

螺纹外径 d	螺距 P	钻头直径 D		螺纹外径 d	螺距 P	钻头直径 D	
		铸铁、青铜、黄铜	钢、可锻铸铁、纯铜、层压板			铸铁、青铜、黄铜	钢、可锻铸铁、纯铜、层压板
20	2.5	17.3	17.5	24	3	20.7	21
	2	17.8	18		2	21.8	22
	1.5	18.4	18.5		1.5	22.4	22.5
	1	18.9	19		1	22.9	23
22	2.5	19.3	19.5				
	2	19.8	20				
	1.5	20.4	20.5				
	1	20.9	21				

2)攻螺纹底孔深度的确定。攻不通孔螺纹时,由于丝锥切削部分有锥角,端部不能切出完整的牙型,所以钻孔深度要大于螺纹的有效深度,如图 2-30 所示。

$$H = h + 0.7d$$

式中　H——底孔深度(mm);
　　　h——螺纹有效深度(mm)。

2. 套螺纹

用板牙在外圆柱面上(或外圆锥面)切削出外螺纹的加工方法,称为套螺纹。

(1)套螺纹工具

1)板牙。板牙是加工外螺纹的工具,有封闭式和开槽式两种结构,如图 2-31 所示。板牙的构造如图 2-32 所示,由切削部分、校准部分和排屑孔组成。

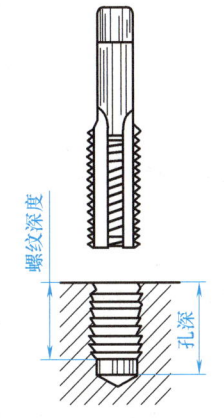

图 2-30　攻螺纹底孔深度示意图

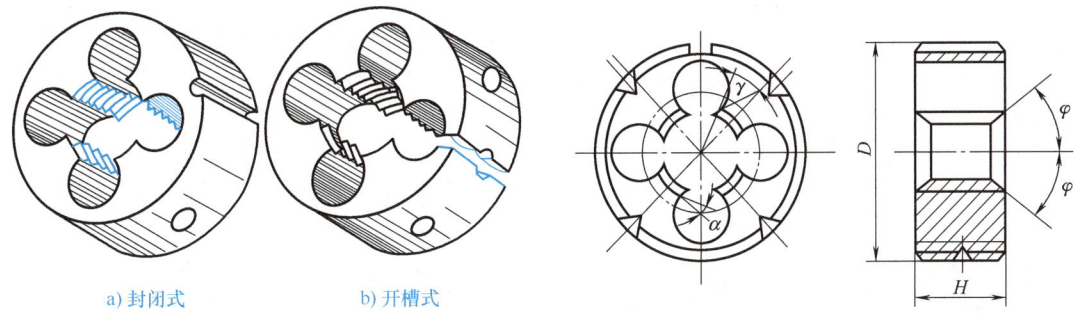

a) 封闭式　　　b) 开槽式

图 2-31　板牙　　　　　　　　　　图 2-32　板牙的构造

2)板牙架(铰杠)。板牙架是装夹板牙的工具,如图 2-33 所示。板牙放入后,用螺钉紧固。

(2) 圆杆直径的确定 套螺纹时圆杆直径应略小于螺纹的外径,其尺寸计算见式(1-3)。套螺纹时圆杆的倒角如图 2-34 所示。

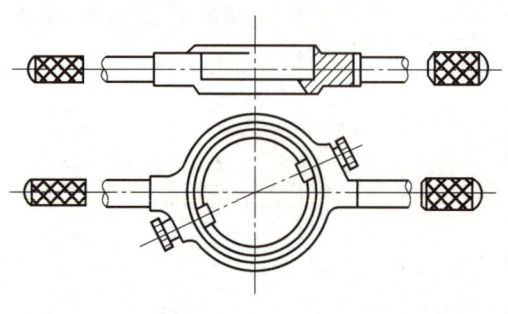

图 2-33 板牙架(铰杠)

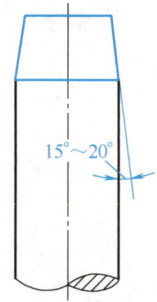

图 2-34 套螺纹时圆杆的倒角

四、技能辅导

(一)划线

1. 划线工具及使用

划线工具按用途不同可分为基准工具、量具、直接绘划工具、夹持工具等。

(1) 基准工具 划线平台是划线的主要基准工具,如图 2-35 所示,由铸铁或大理石制成,作为划线的基准平面。划线平台要安放牢固,保持水平,严禁敲打、撞击,用后擦干净,涂油防锈,并加盖保护罩。

划线

(2) 量具

1) 角度规。角度规(图 2-36a)常用于划角度线(图 2-36b)。

2) 钢直尺。钢直尺是一种简单的测量工具和划线的导向工具,如图 2-37 所示。

3) 90°角尺。90°角尺如图 2-38 所示,在钳工工作中应用广泛。它可作为划平行线、垂直线的导向工具,也可用来找正工件在划线平台上的垂直位置,并可检验工件两平面的垂直度或单个平面的平面度。

4) 高度尺。普通高度尺(图 2-39a)又称量高尺,由钢直尺和底座组成,使用时配合划线盘量取高度尺寸。游标高度卡尺(图 2-39b)能直接测出高度尺寸,其分度值一般为 0.02mm,可作为精密划线工具。

图 2-35 划线平台

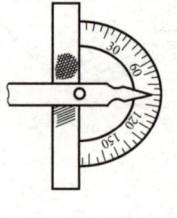

a) 角度规

b) 划角度线

图 2-36 角度规及其使用

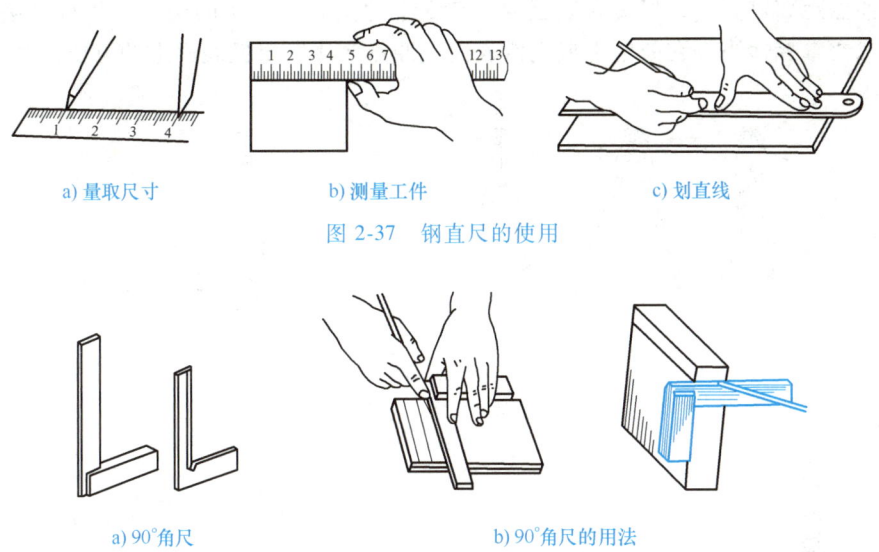

图 2-37　钢直尺的使用

图 2-38　90°角尺及其使用

(3) 直接绘划工具　直接绘划工具有划针、划规、划卡、划线盘和样冲。

1) 划针。划针用来在工件上划线条，如图 2-40 所示。

2) 划规。划规（图 2-41）是划圆、弧线、等分线段及量取尺寸等使用的工具，它的用法与制图中的圆规相同。

3) 样冲。样冲用于在工件已划加工线条上冲点，以固定所划的线条、加强界线标记（称检验样冲眼）和作划圆弧或钻孔定中心（称中心样冲眼）。

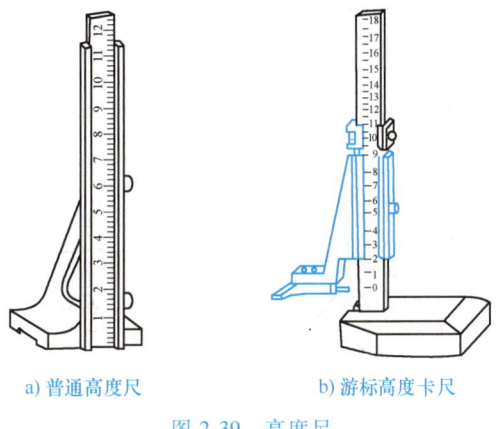

图 2-39　高度尺

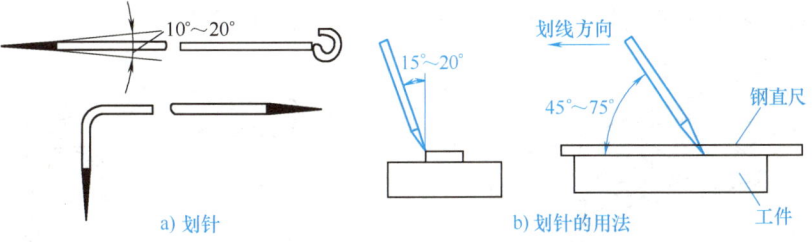

图 2-40　划针及其使用

样冲用工具钢制成，尖端淬火增加硬度。其顶尖角度在用于加强界线标记时大约为 40°，用于钻孔定中心时约为 60°，如图 2-42 所示。

冲点要求：位置要准确，中点不可偏离线条（图 2-43），在曲线上冲点距离要小些，如直径小于 20mm 的圆周线上应有 4 个冲点，而直径大于 20mm 的圆周上应有 8 个以上冲点；

在直线上冲点距离可大些,但短直线至少应有 3 个冲点;在线条的交叉转折处则必须冲点,冲点的深浅要掌握适当,在薄壁上或光滑表面上冲点要浅,粗糙表面上冲点要深些。

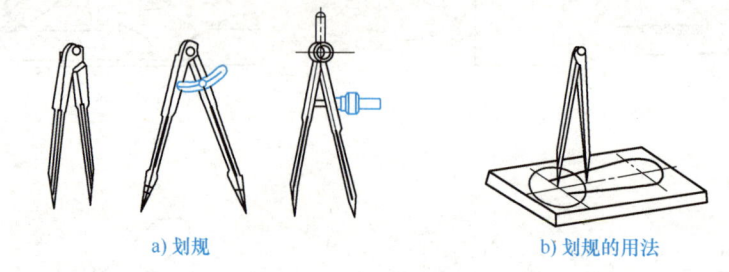

a) 划规　　　　　b) 划规的用法

图 2-41　划规及其使用

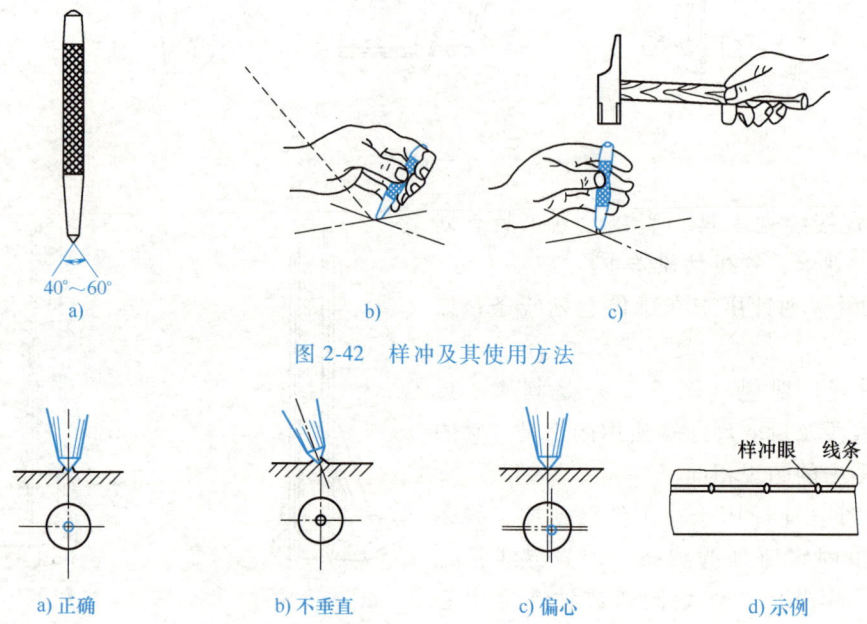

图 2-42　样冲及其使用方法

a) 正确　　b) 不垂直　　c) 偏心　　d) 示例

图 2-43　样冲点

（4）夹持工具　夹持工具有方箱、千斤顶和 V 型块（图 2-44）等。

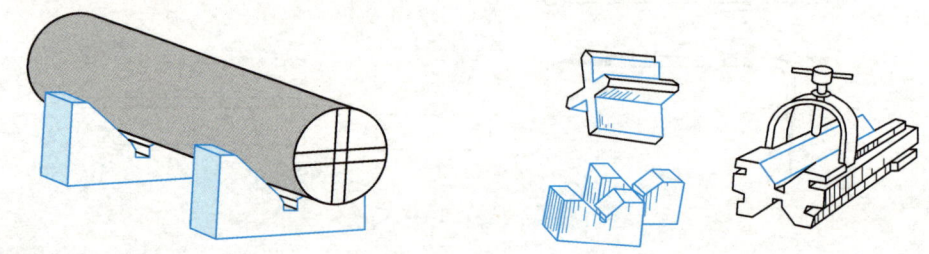

图 2-44　V 型块

2. 划线步骤

1）看清图样,了解零件上需划线的部位和有关的加工工艺,明确零件及划线部位的作用和要求。

2）选定划线基准。

3）检查清理毛坯或半成品的误差情况。用铅块或木块堵孔，在划线部位涂上涂料（常用的有石灰水+适量牛皮胶用于铸、锻件；酒精+漆片和紫蓝颜料；硫酸铜溶液）。

4）正确安放并支承找正工件，选用划线工量具。

5）划线。先划出划线基准及其他水平线，再反转，找正，划出其他的线。注意在一次支承中，应把需要划的平行线划完，以免再次支承补划，造成误差。

6）详细检查划线的准确性和是否有漏划线。

7）在线条上打上样冲眼，如图2-45所示。

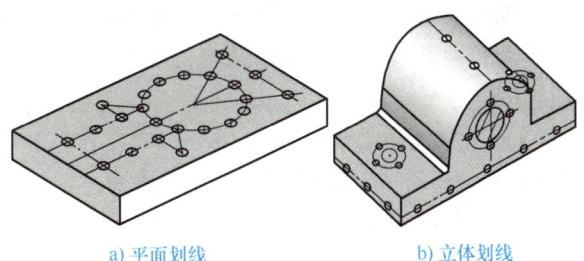

a) 平面划线　　b) 立体划线

图2-45　平面划线和立体划线

（二）锯削

1. 锯削技能的操作要求

（1）锯条的安装　手锯是在向前推时进行切削的，在向后时不起切削作用，因此安装锯条时要保证齿尖的方向朝前，如图2-46所示。锯条的松紧要适当，太紧会使锯条失去应有的弹性，锯条易崩断；太松会使锯条扭曲，锯缝歪斜，锯条也容易折断。调整锯条松紧的方法是：在旋紧蝶形螺母后，锯

锯削

条会有些扭曲，一般是再旋紧些，然后放松一些来消除扭曲现象。装好的锯条应尽量与锯弓保持在同一中心面内，这样容易使锯缝正直。

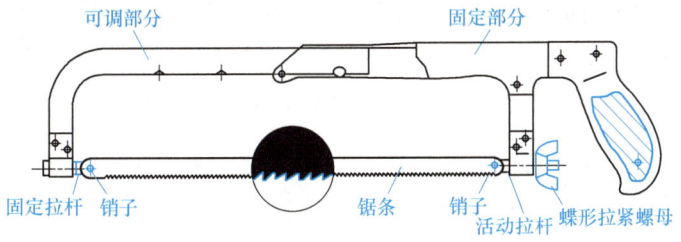

图2-46　锯条的安装方向

（2）工件的夹持

1）工件应夹在机用虎钳的左面，以便操作。

2）工件伸出钳口的部分不应太长，应使锯缝离开钳口约20mm，否则工件在锯削时会产生振动。

3）锯缝线条要与钳口侧面保持平行（或与钳口垂直），这样便于控制锯缝不偏离划线。

4）工件夹持要牢靠，避免锯削时工件移动或使锯条折断。同时，要避免将工件夹变形和夹坏已加工表面。

（3）手锯的握法　右手握柄，左手扶住锯弓前端，如图2-47所示。锯削时推力和压力主要由右手控制。左手所加压力不要太大，主要起扶正锯弓的作用。

（4）锯削时的姿势　锯削时左脚超前半步，身体略向前倾，与机用虎钳中线约呈30°。右脚站稳伸直，与机用虎钳中心约呈75°。两腿自然站立，人体重心稍偏于右脚。锯削时视线要落在工件的切削部位。推锯时身体上部稍向前倾，给手锯以适当的压力而完成锯削。

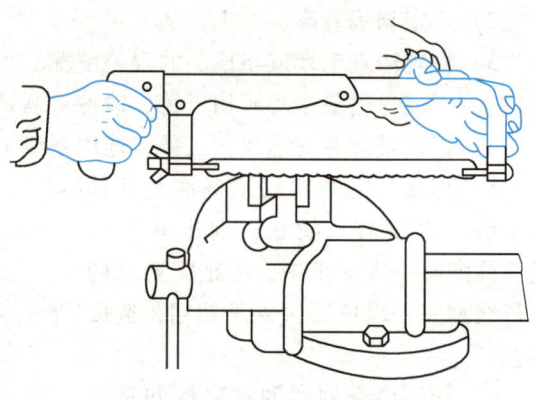

图 2-47　手锯的握法

（5）锯弓运动的两种方式

1）直线运动。适用于锯薄壁工件及直槽。

2）摆动式运动。锯削时，摆动要适度。推进时，左手略微上翘，右手下压；回程时，右手略微朝上，左手回复。这样不易疲劳，且效率高。

锯弓和锯条运动的中心平面要与右手臂运动的平面重合，保证锯缝的正直。

（6）锯削压力　在锯削硬材料时，压力应大些，若压力太小，锯齿不易切入，可能打滑，并使锯齿钝化。锯软材料时，压力应小些，若压力太大，会使锯齿切入过深而产生咬住现象。手锯推出时为切削过程，应施加压力；手锯退回时全齿不参加切削，只做自然拉回，不施加压力，以免锯齿磨损。工件将要锯断时压力要小。

（7）锯削行程　手锯在锯削时，最好使锯条的全长都能参加锯削，一般手锯的往复行程长度应不小于锯条全长的三分之二。尽量利用锯条的有效长度，延长其使用寿命。

（8）锯削速度　锯削运动的速度一般以 20~40 次/min 为宜。锯削硬材料时应慢些，锯削软材料时应快些，同时锯削行程应保持均匀。回程的速度应相对快些，以提高切削效率。

（9）起锯方法　起锯是锯削工作的开始，其好坏直接影响锯削的质量。

1）远起锯。从工件远离操作人员的一端起锯，如图 2-48a 所示，这是最常用的起锯方法。

2）近起锯。从工件靠近操作人员的一端起锯，如图 2-48b 所示。

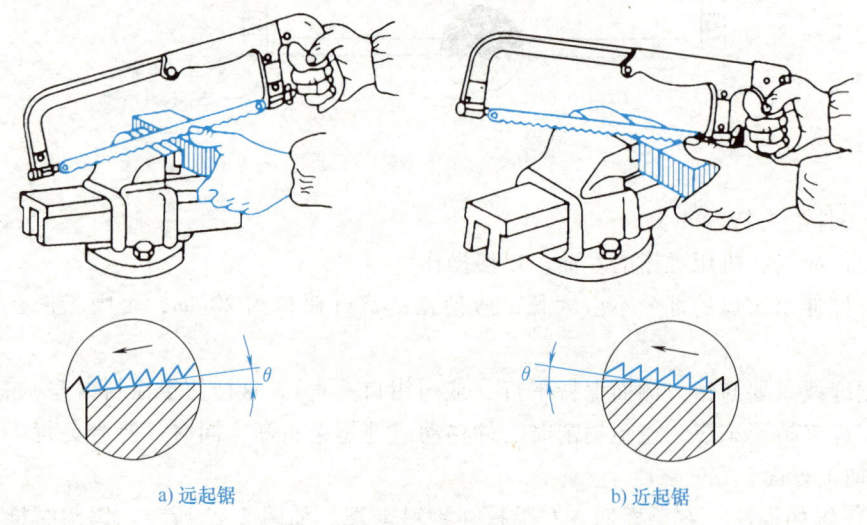

a) 远起锯　　　　b) 近起锯

图 2-48　起锯方法

3) 起锯角。起锯角 α 在 15°左右,如果起锯角太大,则起锯不易平稳,锯齿角会被工件棱边卡住引起崩裂（图 2-49）；起锯角也不能太小,否则,由于锯齿与工件同时接触的齿数较多而不易切入。为使起锯顺利,可用左手大拇指对锯条进行靠导,或用锉刀在起锯处锉出一个浅槽。

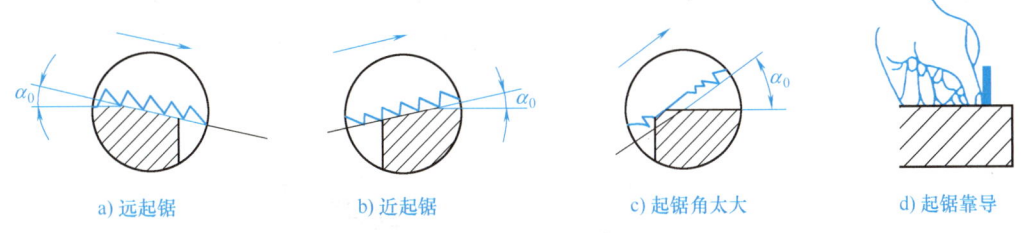

a) 远起锯　　b) 近起锯　　c) 起锯角太大　　d) 起锯靠导

图 2-49　起锯角度

（10）锯齿的修磨　如图 2-50 所示。在锯削过程中锯齿崩落后,应将邻近几个齿都磨成圆弧状,才能继续使用,否则会连续崩齿直至锯条报废。

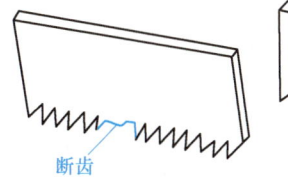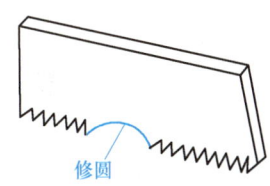

断齿　　　　　修圆

图 2-50　锯齿修磨

2. 锯削废品分析（表 2-3）

表 2-3　锯削废品产生原因及预防方法

锯削废品形式	产生原因	预防方法
锯条折断	锯条装得过紧、过松	注意装得松紧适当
	工件装夹不准确,产生抖动或松动	工件夹牢,锯缝应靠近钳口
	锯缝歪斜,强行纠正	锯弓向斜缝相反方向偏移慢慢锯削
	压力太大,起锯较猛	压力适当,起锯较慢
	旧锯缝使用新锯条	调换厚度合适的新锯条,调转工件再锯
	工件被锯断时没有减速,手锯突然失去平衡	减慢速度和减小切削力
锯齿崩裂	锯条粗细选择不当	正确选用锯条
	起锯角度和方向不对	选用正确的起锯方向及角度
	突然碰到砂眼、杂质	碰到砂眼时应减小压力
	锯削时突然加大压力,被工件棱边钩住锯齿而崩裂	切削压力适当
锯齿很快磨钝	锯削速度太快	锯削速度适当减慢
	锯削时未加切削液	使用切削液
锯缝不直,尺寸超差	锯缝线没有按竖直线放置	锯缝要与钳口垂直
	锯条安装太松或相对锯弓平面扭曲	调整锯条,松紧适当
	用力不正确和速度太快,使锯条左右偏摆	切削速度 20～40 次/min,右手减少推力,左手扶正锯弓
	使用磨损不均的锯条	使用新的锯条
	起锯时尺寸控制不准确或起锯时锯路发生歪斜	控制起锯角,扶正锯弓,看清尺寸线
	眼睛视线没有观察锯条是否与竖直线重合	经常注意观察工件前面和后面的尺寸线

(三) 锉削

1. 锉削技能的操作要求

（1）锉刀的握法

1）大锉刀的握法。右手心抵着锉刀木柄的端头，大拇指放在锉刀木柄的上面，其余四指弯在下面，配合大拇指捏住锉刀木柄；左手用中指、无名指捏住锉刀的前端，大拇指根部压在锉刀头上，食指、小拇指自然收拢，如图 2-51 所示。

锉削

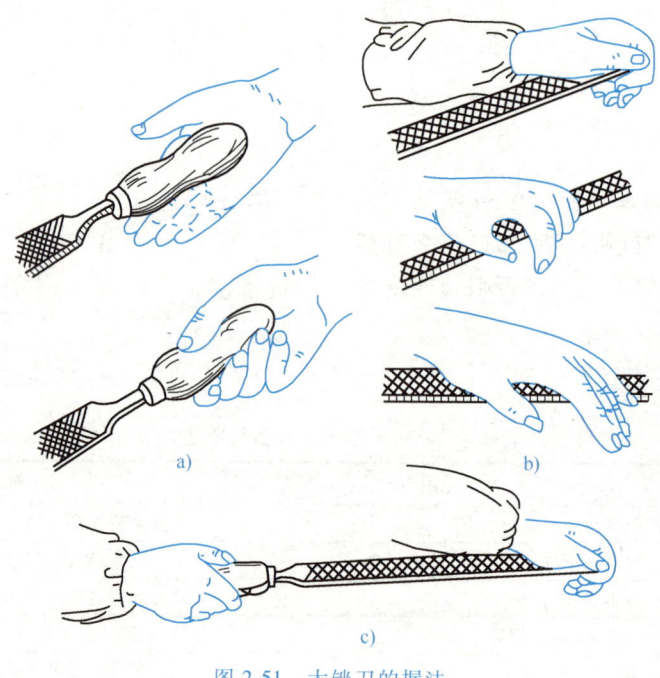

图 2-51 大锉刀的握法

2）中锉刀的握法。该握法的右手握法与大锉刀握法相同，而左手则需用大拇指和食指捏住锉刀前端（图 2-52a）。

3）小锉刀的握法。右手食指伸直，拇指放在锉刀木柄上面，食指靠在锉刀的刀边上，左手几个手指压在锉刀中部（图 2-52b）。

4）更小锉刀（整形锉）的握法。一般只用右手拿着锉刀，食指放在锉刀上面，拇指放在锉刀的左侧（图 2-52c）。

（2）锉削的步位和姿势　锉削时的站立步位和姿势，如图 2-53 所示。两手握住锉刀放在工件上面，左臂弯曲，小臂与工件锉削面的左右方向保持基本平行。右手小臂要与工件锉削面的前后方向保持基本平行。

（3）锉削动作姿势　锉削时站立要自然，便于用力，以适应不同的锉削要求。锉削时身体重心要落在左脚上，右膝伸直，左膝随锉削的往复运动而屈伸。在锉刀向前锉削的动作过程中，身体和手臂的运动情况如图 2-54 所示。

开始，身体向前倾斜 10° 左右，右肘尽量向后收缩；最初 1/3 行程时，身体前倾 15° 左右，左膝稍有弯曲；锉至 2/3 时，右肘向前推进锉刀，身体逐渐倾斜 18° 左右；锉最后 1/3

模块二 钳工实训

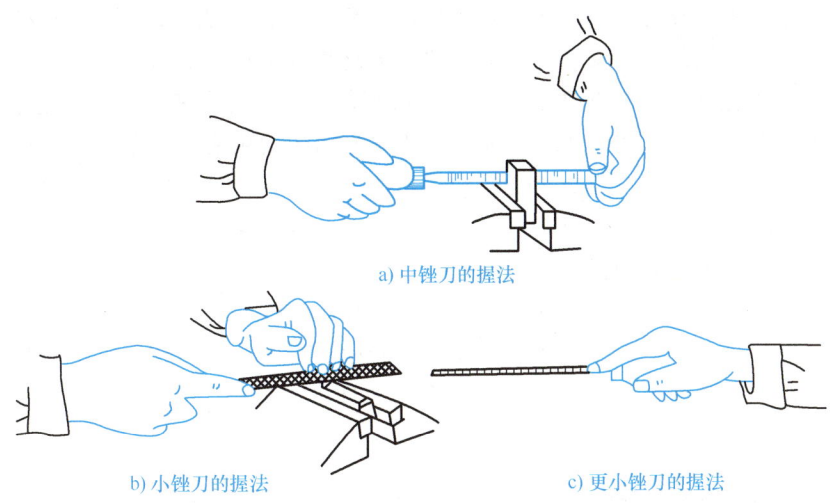

a) 中锉刀的握法

b) 小锉刀的握法　　　　c) 更小锉刀的握法

图 2-52　中小锉刀的握法

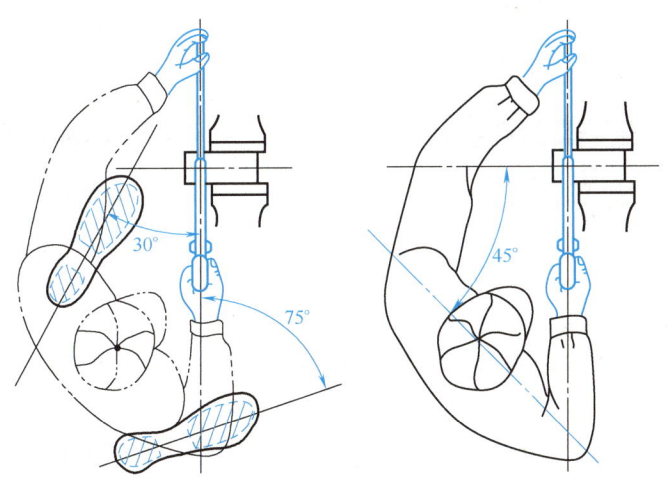

图 2-53　锉削时的站立步位和姿势

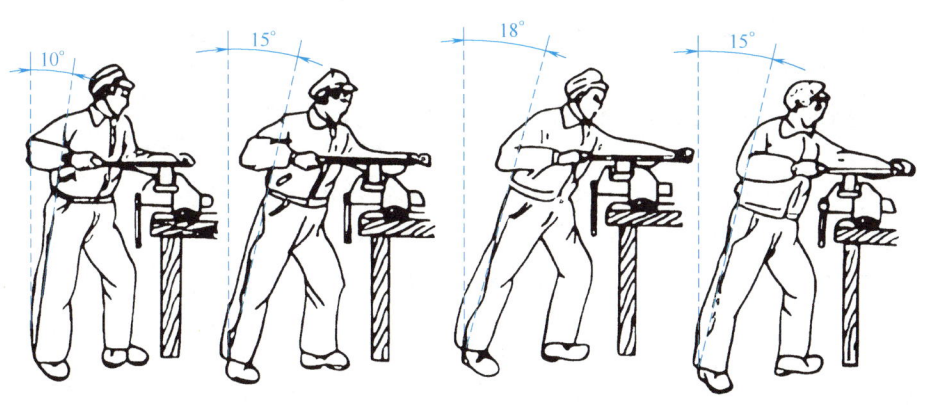

a) 开始锉削时　　b) 锉刀推出1/3行程时　　c) 锉刀推出2/3行程时　　d) 锉刀行程推尽时

图 2-54　锉削动作姿势

行程时，右肘继续推进锉刀，身体则随锉削时的反作用力自然地退回到15°左右；锉削行程结束后，手和身体都恢复到原来姿势，同时将锉刀略提起退回。

（4）锉削力的运用　要锉出平直的平面，必须使锉刀保持水平直线的锉削运动。

锉削的力量有水平推力和垂直压力两种。水平推力主要由右手控制，其大小必须大于切屑的阻力，才能锉去切屑。垂直压力是由两手控制的，其作用是使锉齿深入金属表面。

由于锉刀两端伸出工件的长度随时都在变化，因此两手压力大小也必须随之变化，这就要求锉刀运动到工件加工表面任意位置时，锉刀前后两端的力矩相等。

锉刀前推时，锉刀面紧贴工件表面，左手向下加压，并保持水平，随着锉刀的推进，左手的压力应由大变小，右手的压力则由小变大，到中间时两手压力相等。返回时，不宜紧压工件，以免磨钝锉齿和损伤已加工面，如图 2-55 所示。

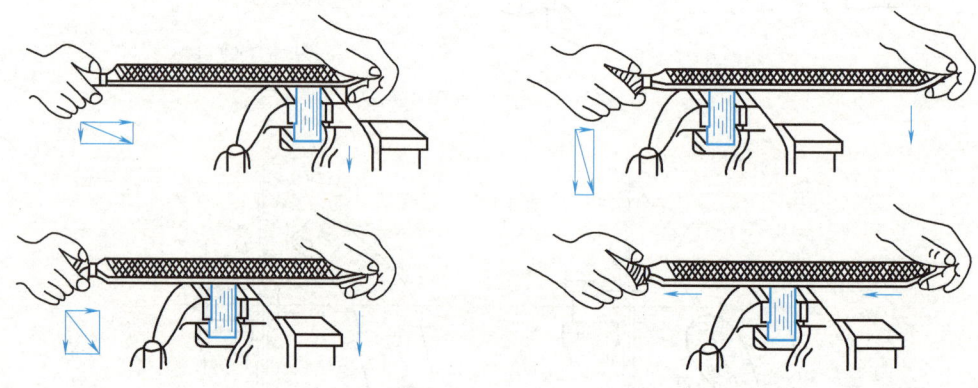

图 2-55　锉平面时的两手用力

（5）锉削速度　锉削速度一般控制在 40 次/min 以内，推出时稍慢，回程时稍快，动作协调自如。太快，操作者容易疲劳且锉齿易磨钝；太慢，切削效率低。

（6）锉削工件的夹持

1）工件最好夹在机用虎钳的中间，要夹牢，但不能使工件变形。

2）工件伸出钳口不宜太高，否则锉削时工件会产生振动。

3）夹持已加工面和精密工件时，在钳口应衬以铜垫或其他较软材料，以免夹坏表面。

2. 各种型面的锉削方法

（1）平面锉削　平面锉削有顺向锉、交叉锉和推锉三种方法。

1）顺向锉。如图 2-56 所示，锉刀沿着工件表面横向或纵向直线移动，锉削平面可得到正直的锉痕，比较整齐美观。这种方法适用于锉削不大的平面、最后锉光和粗锉后精锉的场合。

2）交叉锉。如图 2-57 所示，锉削时锉刀从两个的方向对工件表面进行锉削的方法称为交叉锉。交叉锉的特点是锉刀与工件的接触面大，锉刀容易掌握平稳，同时从锉痕上可以判断出锉削面的高低情

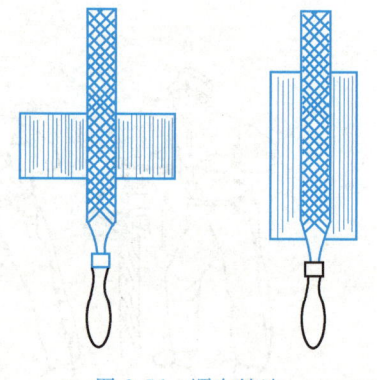

图 2-56　顺向锉法

况，因此容易把平面锉平。交叉锉法只适用于粗锉，待精加工时要改用顺向锉法，才能得到正直的锉痕。

3) 推锉。如图 2-58 所示，两手对称地握住锉刀，用两大拇指推锉刀进行锉削。这种方法适用于对表面较窄且已经锉平、加工余量很小的工件进行修正尺寸和减小表面粗糙度值。

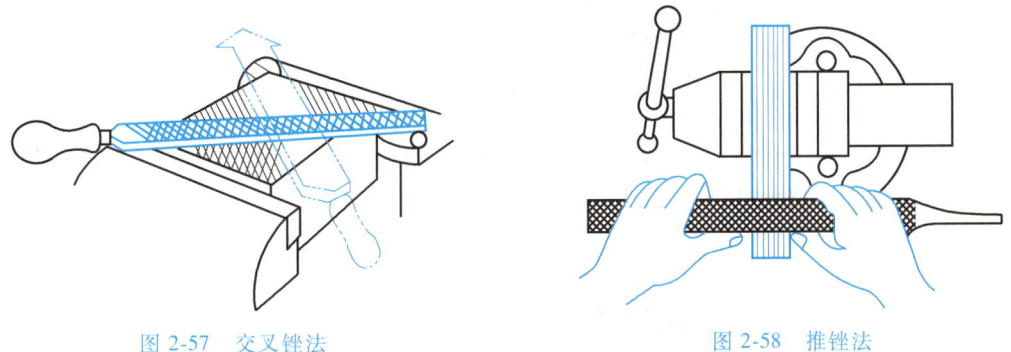

图 2-57　交叉锉法　　　　　　　　图 2-58　推锉法

(2) 圆弧面（曲面）的锉削　曲面锉削有锉削外圆弧面、锉削内圆弧面和锉削球面三种。

1) 外圆弧面的锉法。选用平锉刀锉削外圆弧面，锉削时锉刀要同时完成两个运动，即锉刀在做前进运动的同时还应绕工件圆弧的中心转动。其锉削方法常用的有滚锉法和横锉法。

① 滚锉法。如图 2-59a 所示，用平锉刀顺着圆弧面向前推进的同时，绕圆弧面中心转动。锉刀前推时，是完成锉削工作；转动时，是保证锉出圆弧面形状。这种方法能使圆弧面锉削光洁圆滑，但锉削位置不易掌握而且效率不高，故适用于精锉圆弧面。

② 横锉法。如图 2-59b 所示，锉削时锉刀向着图示方向做直线推进，容易发挥锉削力量，能较快地把圆弧外的部分锉成接近圆弧的多边形，适宜于加工余量较大的粗加工。当按圆弧要求锉成多边形后，应再用滚锉的方法精锉成形。

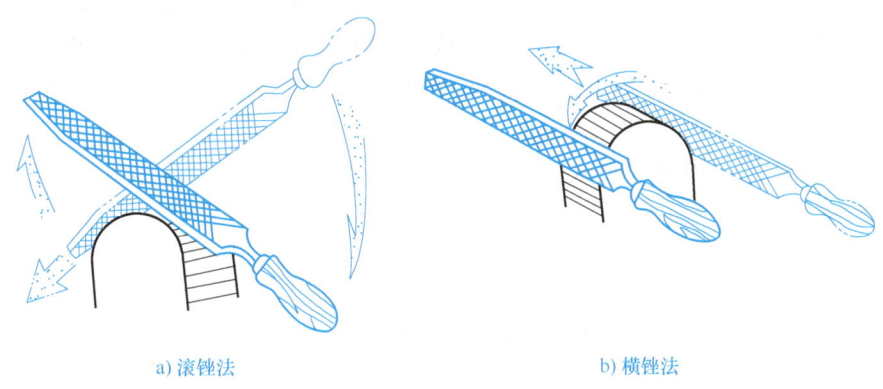

a) 滚锉法　　　　　　　　b) 横锉法

图 2-59　外圆弧面的锉削方法

2) 内圆弧面的锉法。采用圆锉、半圆锉。锉削时锉刀要同时完成三个运动：前进运动、顺圆弧面向左或向右移动、绕锉刀中心线转动。只有这三个运动协调完成，才能锉好内圆弧面，如图 2-60 所示。

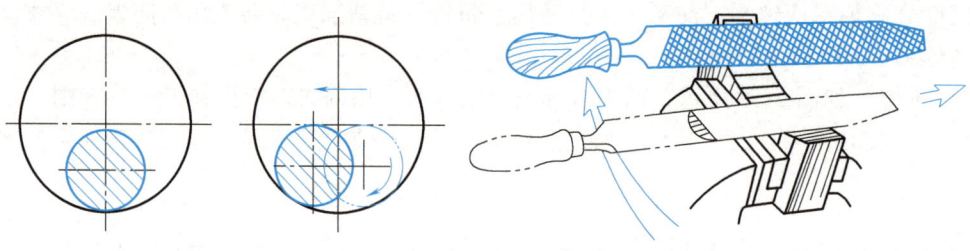

图 2-60　内圆弧面锉削

3）球面的锉法。锉削圆柱形工件端部的球面时，锉刀要以滚锉法和横锉法两种曲面锉法结合进行，才能有效地获得要求的球面，如图 2-61 所示。

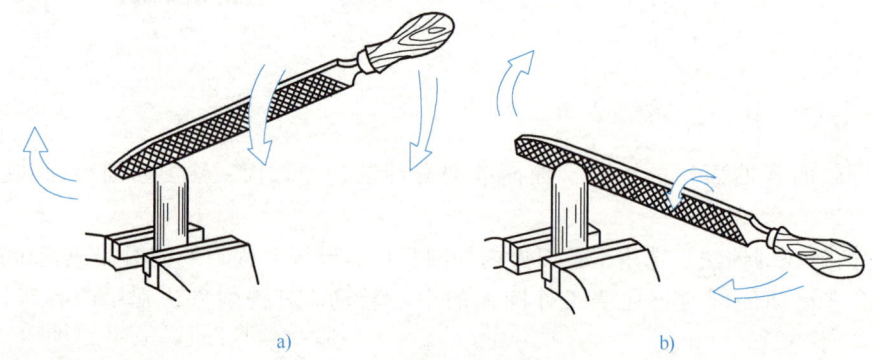

a)　　　　　　　　　　　　b)

图 2-61　球面锉削

3. 锉削常用的检测技术

用刀口形直尺、90°角尺、半径规或半径样板分别检查直线度、垂直度和圆弧时，一般采用透光法来检查。透光微弱而均匀，说明被测面符合要求；透光强弱不一说明被测面高低不平；透光强的部位是最凹的地方。

误差值的确定可用塞尺做塞入检查。塞尺是用来检验两个结合面之间间隙大小的片状量规。使用时根据被测间隙的大小，可用一片或数片重叠在一起做塞入检查，并须做两次极限尺寸的检验后才能得出其间隙的大小。例如，用 0.05mm 的塞片可以插入，而用 0.06mm 的塞片就插不进去，则其间隙应为 0.05mm。

（1）检查直线度　用钢直尺或刀口形直尺以透光法来检查工件的直线度，其方法如图 2-62 所示。

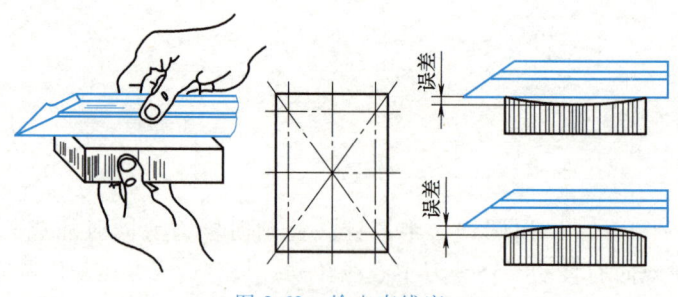

图 2-62　检查直线度

（2）检查垂直度 用90°角尺采用透光法检查，其方法是先选择基准面，然后对其他各面进行检查，如图2-63所示。

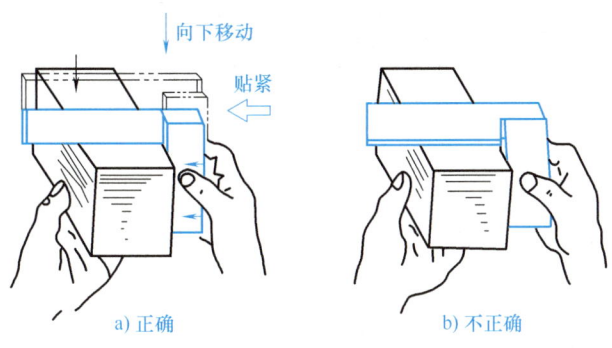

a) 正确　　　　　　　　　　b) 不正确

图 2-63　检查垂直度

（3）检查曲面线轮廓度 用半径规或半径样板采用透光法进行检查，其方法如图2-64所示。

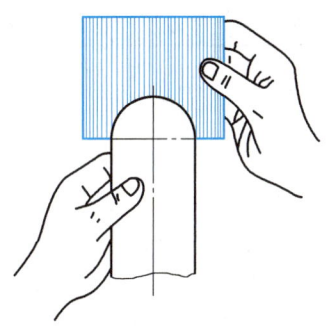

图 2-64　检查曲面线轮廓度

（4）检查尺寸 用游标卡尺或千分尺在工件全长不同的位置上进行数次测量。
（5）检查表面粗糙度 表面粗糙度可用表面粗糙度样板对照进行检查。
此外，还有平行度和对称度的检测，它们均可用百分表进行检查。

4. 锉削质量分析（表2-4）

表 2-4　锉削质量分析

形式	原因
表面夹出痕迹	1）装夹时，机用虎钳钳口没有垫软金属或木块 2）夹紧力太大
空心工件被夹扁	1）装夹时，没有用V形块或弧形木块 2）夹紧力太大
平面中凸、塌边、塌角	1）操作时双手用力不平衡 2）锉削姿势不准确,选用锉刀不当,未及时检查平面度及采取措施 3）锉刀面中凹或扭曲 4）工件装夹不正确
工件尺寸不合格	1）划线不正确 2）锉削时没有及时测量或测量有误差

(续)

形式	原因
表面太粗糙	1) 精锉时采用粗锉刀,锉刀齿纹选用不当 2) 粗锉刀痕迹太深 3) 切屑嵌在锉纹中没有清除,把表面拉毛 4) 锉直角时,没采用带光面的锉刀

（四）攻螺纹

1. 攻螺纹方法

攻螺纹基本步骤如图 2-65 所示。

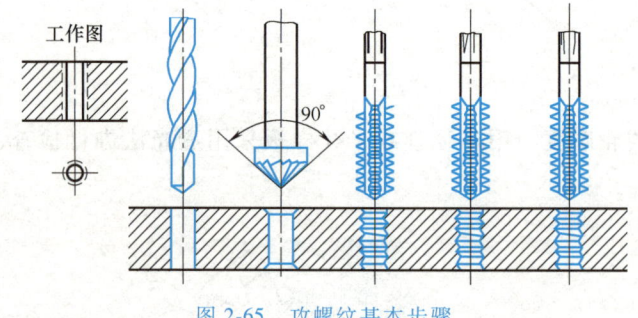

图 2-65　攻螺纹基本步骤

攻螺纹

（1）攻螺纹前的准备

1）正确选用钻底孔的钻头，正确计算不通孔螺纹的钻孔深度。

2）正确选用成套螺纹锥，区别并分清头锥、二锥和三锥的使用顺序。

3）划线，钻底孔（见钻孔方法）。

4）对底孔的孔口进行倒角，通孔两端都要倒角。倒角可用锪钻锪出锥孔，也可用大于底孔直径的钻头代替。倒角处直径略大于螺纹外径，以便于丝锥切入，并可防止孔口出现挤压出的凸边（毛刺）。

5）工件的装夹应尽量使螺纹孔中心线处于垂直或水平位置，使操作人员在攻螺纹时容易判断丝锥轴线是否垂直于工件的平面。

（2）攻螺纹的操作要点

1）起攻（图2-66）。用头锥起攻，起攻时，可用手掌按住铰杠中部，沿丝锥轴线用力

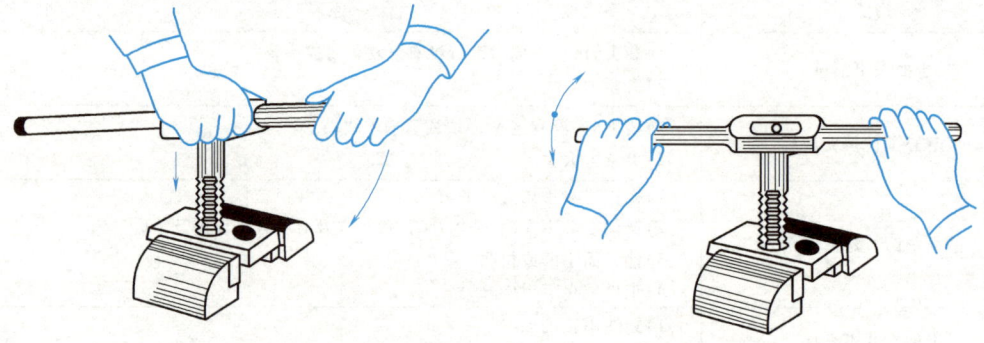

图 2-66　起攻方法

加压，另一手配合做顺向旋进；或两手握住铰杠两端均匀施加压力，并将丝锥顺向旋进，保证丝锥轴线与孔轴线重合，不得歪斜。

在丝锥攻入1~2圈时，应及时前后、左右两个方向用90°角尺进行检查（图2-67），并不断校正至符合要求。

2）当丝锥的切削部分已经切入工件后，可只转动而不加压。每转一圈应反转1/4圈，以便使切屑断落，如图2-68所示。攻完头锥后继续攻二锥、三锥。攻二锥、三锥时先把丝锥放入孔内，旋入几圈后，再用铰杠转动，旋转铰杠时不需加压。

3）用成组丝锥攻螺纹时，必须以头锥、二锥、三锥的顺序攻削至标准尺寸。在较硬的材料上攻螺纹时，可用各丝锥轮换交替进行，以减小切削刃部的负荷，防止丝锥折断。

4）攻不通孔时，可在丝锥上做好深度标记，并要经常退出丝锥，清除留在孔内的切屑。当工件不便倒向时，可用磁性针棒吸出切屑。

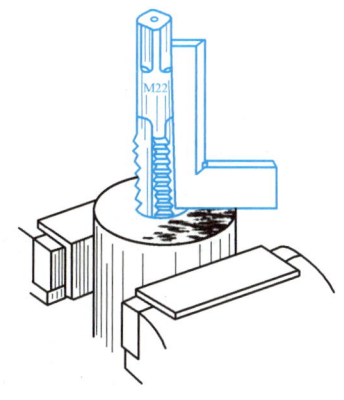

图2-67　检查攻螺纹垂直度

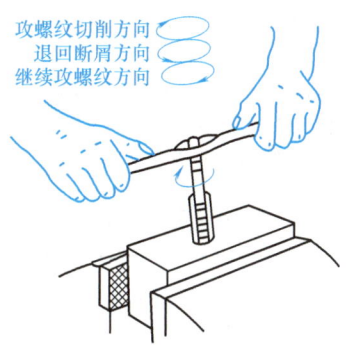

图2-68　攻螺纹方法

5）攻韧性材料的螺纹孔时，要加切削液，以减小切削阻力。攻钢料工件时，加机油润滑可使螺纹光洁，并能延长丝锥使用寿命；对铸铁件，通常不加切削液，但也可加煤油润滑。

2. 攻螺纹质量分析

攻螺纹产生废品、丝锥折断的原因及预防措施，分别见表2-5、表2-6。

表2-5　攻螺纹产生废品的原因及预防措施

废品形式	产生原因	预防措施
螺纹乱牙	1）底孔直径太小，丝锥不易切入，造成孔口乱牙 2）攻二锥时，未按已切出的螺纹切入 3）丝锥磨钝，不锋利 4）螺纹歪斜过多，用丝锥强行纠正 5）未用合适的切削液 6）攻螺纹时，丝锥未经常倒转	1）根据加工材料，选择合适底孔直径 2）先用手旋入二锥，再用铰杠攻入 3）刃磨丝锥 4）开始攻入时，两手用力要均匀，并注意检查丝锥与螺纹孔端面的垂直度 5）选用合适的切削液 6）多倒转丝锥，使切屑碎断
螺纹歪斜	1）丝锥与螺纹孔端面不垂直 2）攻螺纹时，两手用力不均匀	1）开始切入时，注意丝锥与螺纹孔端面垂直 2）两手用力要均匀

(续)

废品形式	产生原因	预防措施
螺纹牙深不够	1）底孔直径太大 2）丝锥磨损	1）正确选择底孔直径 2）刃磨丝锥
螺纹表面粗糙	1）丝锥前、后刀面及容屑槽粗糙 2）丝锥不锋利、磨钝 3）攻螺纹时丝锥未经常倒转 4）未用合适的切削液 5）丝锥前、后角太小	1）刃磨丝锥 2）刃磨丝锥 3）多倒转丝锥，改善排屑 4）选用合适的切削液 5）磨大前、后角

表 2-6　丝锥折断的原因及预防措施

原因	预防措施
1）底孔直径太小 2）工件材料中夹有杂质或有较大砂眼 3）丝锥铰杠过大或用活络铰杠攻螺纹，产生扭力过大，或力不均衡 4）没及时断碎和清除切屑，使切屑在孔中堵死 5）丝锥歪斜，单边受力太大 6）韧性大的材料（不锈钢等）不用切削液，使工件与丝锥咬住 7）攻不通孔时，丝锥顶住孔底，仍用力旋转丝锥	1）根据工件材料合理选择底孔直径 2）攻螺纹前检查材料螺纹孔中砂眼、夹渣等情况，如有上列情况应设法清除或小心慢攻 3）选择合理的铰杠，不要用活络铰杠攻螺纹 4）经常倒转割断切屑，并及时排除切屑 5）多用肉眼观察或用 90°角尺检查丝锥是否垂直于工件表面 6）选用合适的切削液，并勤倒转断屑 7）应事先检查孔深，在丝锥上做好深度标记，并及时把切屑清除再攻

（五）套螺纹

1. 套螺纹方法

套螺纹

1）工件装夹要端正、牢固。套螺纹时的切削力矩较大，且工件都为圆杆，一般要用 V 形块或铜皮衬垫，才能保证可靠夹紧。工件伸出钳口的长度，在不影响螺纹要求长度的前提下，应尽量短些。

2）圆杆端部需要倒 15°~20°的斜角（图 2-34），使板牙容易对准工件和切入材料。

3）起套。起套方法与攻螺纹起攻方法一样，一手用手掌按住铰杠中部，沿圆杆轴向施加压力，另一手配合做顺向切进，转动要慢，压力要大，并保证板牙端面与圆杆轴线的垂直度要求，不能歪斜。在板牙切入圆杆 2~3 牙时，应及时检查其垂直度误差并做准确校正。

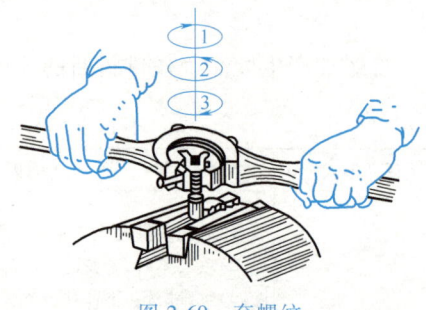
图 2-69　套螺纹

4）起套完成正常套螺纹时，不要加压，让板牙自然引进，以免损坏螺纹和板牙，并要经常倒转断屑，如图 2-69 所示。

5）在钢件上套螺纹时，如手感较紧，应及时退出，清理切屑后再进行，并加机油润滑。

2. 套螺纹质量分析

套螺纹产生废品的原因及预防措施，见表 2-7。

表 2-7　套螺纹产生废品的原因及预防措施

废品形式	产生原因	预防措施
螺纹刮牙	1) 塑性材料未用切削液而被撕坏 2) 套螺纹时,没有倒转断屑过程,使切屑堵塞,咬坏螺纹 3) 圆杆直径太大 4) 板牙歪斜太多而强行纠正	1) 根据材料,正确选用切削液 2) 应经常倒转,使切屑断碎及时排出 3) 正确选择圆杆直径 4) 开始套时就应注意保证板牙平面与杆轴线垂直,同时注意两手用力相等
螺纹歪斜	1) 圆杆倒角过小或过大,或倒角歪斜 2) 两手用力不均匀	1) 倒角要正确、无歪斜 2) 起套要正,两手用力均衡
螺纹太瘦	1) 铰杠摆动太大,或由于偏斜多次纠正,切削过多,使螺纹中径偏小 2) 起套后,仍用压力扳动	1) 要摆稳板牙,用力均衡 2) 起套完成后去除压力,只用旋转力
螺纹太浅	圆杆直径太小	根据材料正确选择圆杆直径

五、匠心讲堂

决胜毫厘，匠心助力"中国速度"

　　1977 年，郑志明出生于柳州一个普通工人家庭。1997 年，他以钳工学徒的身份进入广西汽车集团有限公司。二十多年来，郑志明每天早出晚归，在生产一线苦练技艺，全身心投入到研磨、锉削、划线、钻削等各项工作中，功夫不负有心人，如今，郑志明在与钢铁的"对话"中练就了精湛技艺，将钳工技能练得炉火纯青。他利用手工锉削可将零件尺寸误差控制在 0.002mm 以内；手工划线钻孔，孔的位置度误差可控制在 0.02mm 以内，这个精准水平，目前国内极少有人能够达到。一直以来，郑志明勇挑重任，组织带领团队一路破解集团、国家乃至世界级的汽车制造难题。2017 年之前，汽车后桥壳自动化焊接生产在国内还无法实现，他主动挑起大梁，带领团队从生产的整体布局到每个环节的设计，以及零配件加工装配，进行逐个攻关。最终，他设计出多种定位方式、多工艺融合的自动化焊接生产线。2014 年，以郑志明命名的"国家级技能大师工作室"挂牌。郑志明在不断自我提升技能的同时，把技能和经验毫无保留地传授给徒弟们，工作室先后带出了 200 余位高级工、技师、高级技师等高技能人才。他发明的"调芯钻孔法""研推修锉法"是钳工技能比赛中的"法宝"，徒弟们凭借这份"独门心法"，多次在比赛中取得好成绩。由于表现突出，他先后荣获全国五一劳动奖章、全国优秀共产党员、中华技能大奖、2022 年"大国工匠年度人物"等荣誉。

平衡蜻蜓和支承座加工任务书

班级：_____ 姓名：_____ 学号：_____

一、任务相关问题

1. 划线的工具和方法有哪些？
   _____
   _____
   _____
   _____

2. 锯削的操作步骤有哪些？
   _____
   _____
   _____
   _____

3. 锉削有哪些方式？
   _____
   _____
   _____
   _____

4. 攻螺纹和套螺纹常用的工具有哪些？
   _____
   _____
   _____
   _____

二、任务计划与讨论决策

小组讨论制订平衡蜻蜓和支承座加工计划，并填写表2-8。

表 2-8　平衡蜻蜓和支承座加工计划表

选择机床型号		工件安装方式	
加工刀具		所需工具	
加工步骤			注意事项
1.			
2.			
3.			
4.			
5.			
6.			
7.			
8.			
9.			
10.			

三、任务实施记录

小组完成平衡蜻蜓和支承座加工，并记录加工过程，填入表 2-9。

表 2-9　平衡蜻蜓和支承座加工过程记录表

序号	项目	完成情况和存在问题
1		
2		
3		
4		
5		
6		
7		
8		
9		
10		

四、检查与评价

对加工完成的平衡蜻蜓和支承座制作进行自评、小组互评和教师评价,并将结果填入表 2-10。

表 2-10 平衡蜻蜓和支承座加工质量评价表

序号	项目	配分	评分	自评结果 30%	小组互评 30%	教师评价 40%
1	2个翅膀 01 尺寸 30	5	按 js10 公差,每超差 0.02mm 扣 1 分			
2	2个翅膀 01 尺寸 60	5	按 js10 公差,每超差 0.02mm 扣 1 分			
3	2个翅膀 01 尺寸 $R10$	8	按 js10 公差,每超差 0.02mm 扣 1 分			
4	2个翅膀 01 尺寸 $R5$	5	按 js10 公差,每超差 0.02mm 扣 1 分			
5	2个翅膀 01 尺寸 $R4$	5	按 js10 公差,每超差 0.02mm 扣 1 分			
6	2个翅膀 01 尺寸 $R2$	7	按 js10 公差,每超差 0.02mm 扣 1 分			
7	2个翅膀 02 尺寸 60	5	按 js10 公差,每超差 0.02mm 扣 1 分			
8	2个翅膀 02 尺寸 $R10$	8	按 js10 公差,每超差 0.02mm 扣 1 分			
9	2个翅膀 01 尺寸 $R4$	5	按 js10 公差,每超差 0.02mm 扣 1 分			
10	2个翅膀 01 尺寸 $R2$	7	按 js10 公差,每超差 0.02mm 扣 1 分			
11	主体 03 五处长度尺寸 90、40、22、11、7	15	均按 js10 公差,每超差 0.02mm 扣 1 分			
12	主体 03 尺寸 6.5	5	按 js10 公差,每超差 0.02mm 扣 1 分			
13	支承座 04 六处长度尺寸 25、20、15、12、10、5	12	按 js10 公差,每超差 0.02mm 扣 1 分			
14	支承座 04 螺纹 M6	4	酌情扣分			
15	支承座 04 尺寸	4	酌情扣分			
	合计	100				

五、总结与反思

模块三 焊接实训

知识目标：

1）了解焊接在工业生产中的作用与用途。
2）提升职业素养和安全文明生产素质。
3）掌握气割、焊接操作相关基础知识。

技能目标：

1）能够编制简单典型零件的焊接工艺。
2）能够正确使用焊割设备和工具完成典型零件的切割下料与焊接。
3）能对气割、焊接工作任务进行质量检测，判断其质量状态。

素养目标：

1）能根据焊接作业环境需要，选择、穿戴并维护个人防护装备，养成安全生产、规范作业的职业素养。
2）能与相关人员进行有效沟通，掌握解决问题的方法和措施，解决工作过程中的常见问题，培养严谨、认真、踏实的学习精神，领悟工匠精神的实质，培养协作精神。
3）能对设备和工具等进行日常维护和保养，提升5S标准化现场管理能力，养成良好的职业素养。

任务一 单层钢结构厂房支承柱柱脚毛坯气割下料

一、工作任务

支承柱柱脚毛坯气割下料。

二、任务分析

支承柱柱脚由底板、立柱及肋板三部件通过焊接拼接成形，如图3-1所示。部件毛坯精度要求不高，可选用气割下料。

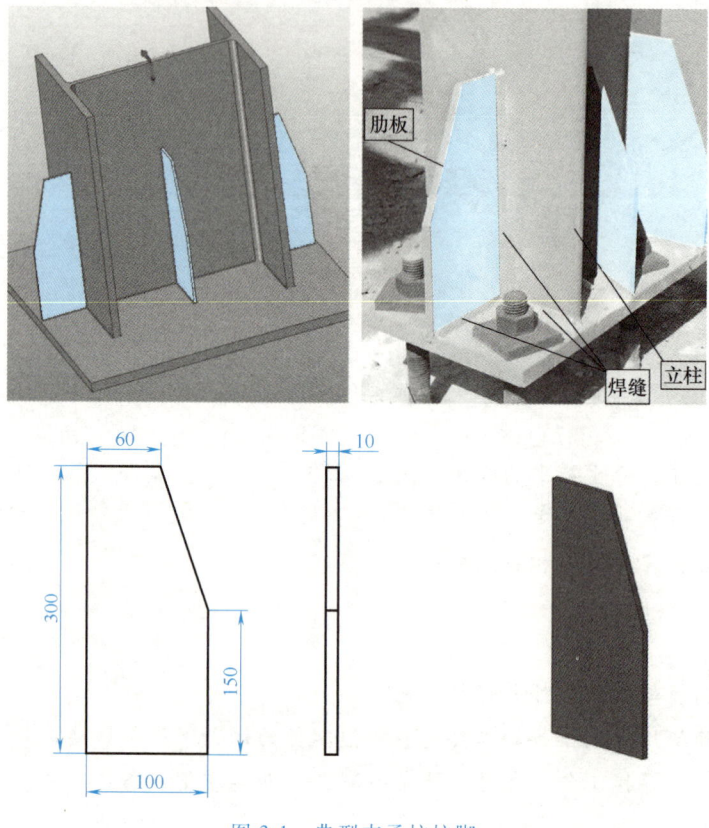

图 3-1 典型支承柱柱脚

三、知识链接

(一) 气割气体

焊工常用的气体包括助燃气体和可燃气体,助燃气体采用氧气,可燃气体一般采用乙炔、液化石油气。

氧气是一种无色、无味、无毒的气体,氧气本身不燃烧,但是氧气是一种活泼的助燃气体。

乙炔是一种无色而有特殊气味的气体,是一种碳氢化合物。乙炔是可燃气体,与空气混合燃烧时所产生的火焰温度为2350℃。而与氧气混合燃烧时所产生的火焰温度可达3000~3300℃,因此能够迅速燃烧,熔化金属,进行焊接、切割。

乙炔也是一种具有爆炸性危险的气体,纯乙炔在压力为0.15MPa,温度为580℃时就可能发生爆炸。乙炔与空气或氧气混合,在空气中浓度为2.5%~80%,在氧气中浓度为2.8%~93%范围时遇到明火就会立刻发生爆炸。由于乙炔受压会引起爆炸,因此乙炔不能加压,直接装瓶来储存。

(二) 气割火焰

乙炔与氧气混合燃烧形成的火焰称为氧乙炔火焰。氧乙炔火焰的外形构造及温度分布是由氧气和乙炔的混合比例决定的,按比例不同可得到中性焰、碳化焰和氧化焰3种不同的火焰，如图 3-2 所示。

氧乙炔火焰的温度与混合气体的成分有关，随着氧气比例的增加，火焰温度增高，另外，还与火焰气体的喷射速度有关，喷射速度越高，则火焰温度越高，火焰温度一般以中性焰为准。

（三）气割的特点
1. 气割加工的优点

1）切割效率高，切割速度比机械切割速度快。

2）机械方法难以切割的截面形状和厚度，采用气割比较经济。

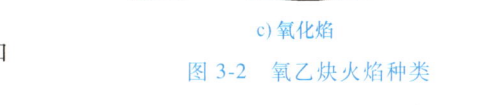

图 3-2 氧乙炔火焰种类

3）气割设备的投资比机械切割设备投资低。气割设备轻便，适用于野外作业。

4）切割小圆弧时能迅速改变切割方向，切割大型工件时，不用移动工件，移动氧乙炔火焰便能迅速切割。

5）可进行手工和机械切割。

2. 气割加工的缺点

1）切割的尺寸公差等级低于机械方法。

2）预热火焰和排出的炽热熔渣存在火灾隐患以及烧坏设备和烧伤操作人员的危险。

3）切割材料受到限制，被割的金属燃点必须低于熔点，如铜、铝、不锈钢、铸铁等，不能用氧乙炔火焰切割。

3. 运用范围

气割的效率高，成本低，并能在各种位置进行切割，能切割各种外形复杂的零件，因此广泛用于钢板下料，开坡口及铸件浇冒口的切割。切割厚度可达 300mm 以上。

4. 切割设备工具

1）氧气瓶是储存和运输氧气的一种高压容器，瓶面涂蓝漆，并用黑漆标记"氧"字，如图 3-3 所示。目前，我国生产的氧气钢瓶规格中最常见的容积为 40L，当瓶内压力为 15MPa 表压时，该氧气瓶的氧气储存量为 6000L，即 $6m^3$。

2）乙炔瓶是一种储存和运输乙炔的压力容器，其外形与氧气瓶相似，比氧气瓶矮，但略粗些。乙炔瓶表面涂白漆，并用红漆写上"乙炔不可近火"字样，如图 3-4 所示。乙炔瓶的设计压力为 3MPa，容量为 40L，一般乙炔瓶中能存储 6~7kg 乙炔。

3）氧气减压器又称为氧气压力表，是将高压气体降为低压气体的调节装置，氧气减压器如图 3-5 所示。

4）乙炔减压器又称为乙炔压力表，其作用原理、结构和使用方法与氧气减压器基本相同，只是尺寸、

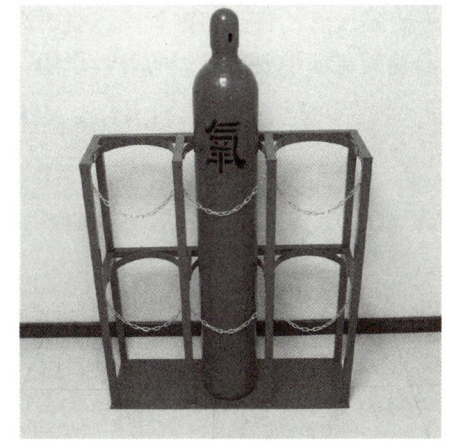

图 3-3 氧气瓶

形状和材料有所不同,如图3-6所示。

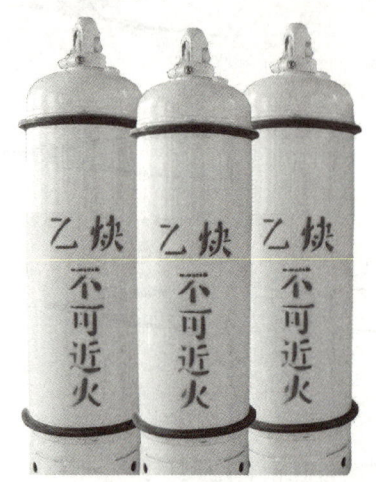

图3-4 乙炔瓶

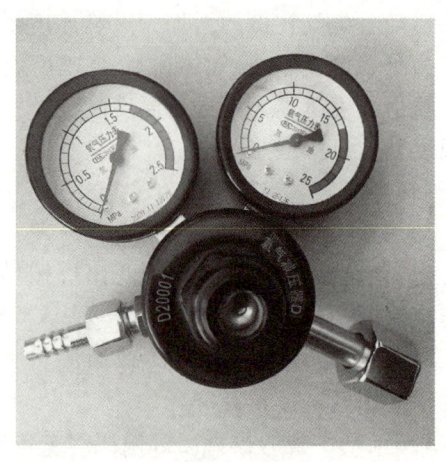

图3-5 氧气减压器

5)割炬。割炬按预热火焰中氧气和乙炔的混合方式不同分为射吸式和等压式两种,射吸式割炬是气割加工的常用工具,其割嘴中心是切割氧通道,预热火焰均匀分布在割嘴周围。割嘴按结构形式分为组合式(环形)和整体式(梅花形)两种,射吸式割炬如图3-7所示。

射吸式割炬工作原理:打开预热氧阀、乙炔阀时,具有一定压力的氧气经导管进入喷嘴,并以高速喷入射吸管,使喷嘴周围空间形成真空,从而将乙炔管内乙炔吸入射吸管,经

图3-6 乙炔减压器

混合气管混合后,由割嘴喷出,氧气和乙炔混合气体燃烧时产生的热能将工件切割处预热到一定温度后,打开切割氧阀,喷出高速切割氧流使金属燃烧并放出热量而实现切割。割炬内乙炔的流动主要靠氧气的射吸作用,所以不论使用低压、中压乙炔,均能使割炬正常工作。

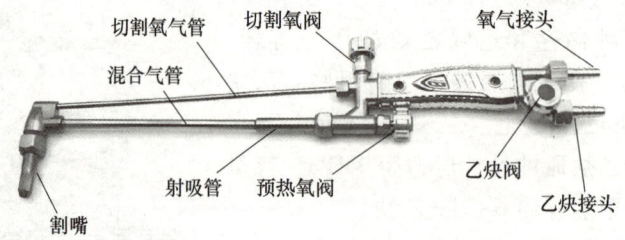

图3-7 射吸式割炬

6)橡胶软管。气割操作常用的软管主要包括氧气通气橡胶软管和乙炔通气橡胶软管两种,如图3-8所示。

① 氧气通气橡胶软管为蓝色，工作压力为 1.5MPa。

② 乙炔通气橡胶软管为红色，工作压力为 0.3MPa。

7）辅助工具。护目镜、通针、打火机。

8）其他工具。钢丝刷、锤子、锉刀、扳手、钳子等。

图 3-8　橡胶软管

四、技能辅导

（一）气割工艺参数选择

气割工艺参数主要包括工作压力、气割速度、预热火焰的温度、割嘴与割件的倾角、割嘴离割件表面的距离。

1. 工作压力

氧气的工作压力约为 0.5MPa，乙炔的工作压力约为 0.05MPa。

2. 气割速度

气割速度指割炬沿切割方向移动的速度，它受多种因素影响，包括割件厚度、割嘴大小和使用的气体压力等。

1）割件厚度。割件越厚，气割速度应越慢；反之，割件越薄，气割速度应越快。

2）割嘴大小。使用的割嘴越大，气割速度越快；反之，割嘴越小，气割速度越慢。

3. 预热火焰的温度

预热火焰的温度可达到 1100~1150℃。

4. 割嘴与割件的倾角

割嘴与割件倾角的大小，主要根据割件厚度确定，见表 3-1。

表 3-1　割嘴与割件的倾角

割件厚度 /mm	<6	6~30	≥30		
			起割	割穿后	停割
倾角方向	后倾	垂直	前倾	垂直	后倾
倾斜角度	25°~45°	0°	5°~10°	0°	5°~10°

5. 割嘴离割件表面的距离

割嘴离割件表面的距离应根据预热火焰长度和割件厚度来确定，一般为 3~5mm。割件厚度小于 20mm 时，火焰可长些，距离可适当加大；割件厚度大于或等于 20mm 时，火焰应短些，距离可应减小。

（二）气割操作要求

1. 点火

将氧气减压器调至 0.3~0.5MPa，乙炔减压器调至 0.03~0.05MPa。逆时针方向旋开预热氧阀约 1/4 圈，微开氧气，再逆时针方向旋开乙炔阀约 1/4 圈，然后将割嘴靠近火源点火，点火后将火焰调节为中性焰或轻微氧化焰。

气割操作

点火、调节火焰时,手要避开火焰,以免烧伤。

2. 气割姿势

双脚呈八字形蹲在工件的一旁,右臂靠住右膝盖,左臂悬空在两脚中间(图3-9),以便移动割炬,右手握住割炬手柄,并以右手的拇指和食指控制预热氧阀,以便于调整预热火焰和发生回火时能及时切断预热氧气,左手的拇指和食指控制切割氧阀,同时起掌握方向的作用,其余三指平稳地托住混合气管,上身不要弯得太低,呼吸要有节奏,眼睛注视工件和割嘴,并应该注意割口线,切割方向一般从右向左切割,切割时先预热钢板的边缘,待边缘呈现亮红色时,慢慢打开切割氧阀,当看到被预热的红点在氧气流中被吹掉时,再进一步开大切割氧阀,看到割件背面飞出氧化金属时,此时割件已被割透,移动割炬逐渐向前切割。

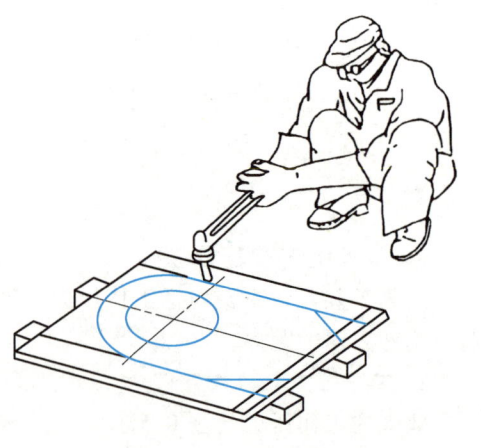

图3-9 气割姿势

3. 气割操作步骤

1)准备工作。确保工作场地安全,无易燃易爆物品,检查被气割工件是否含有易燃、易爆物品或有毒污染物,并彻底清洗。检查割炬是否正常,包括氧气阀门和乙炔阀门。

2)工件定位和准备。清理工件表面的油污和铁锈,根据图样尺寸及形状要求在钢板上划出下料线,垫起工件,留出间隙以便熔渣吹出。

3)调整火焰。调整火焰至中性焰,观察火焰的形状,包括焰芯、内焰和外焰,确保火焰长度适中,无明显碳化焰、氧化焰。

4)预热和切割准备。点燃割炬,调整火焰,预热工件,观察预热火焰,应呈橘红色,预热后,缓慢开启切割氧阀,准备切割。

5)开始切割。在预热火焰调至中性焰后,开始切割,操作姿势应保持重心平稳,手臂肌肉放松,端平割炬,缓慢移动或随身体移动,割炬主体应与被割物体的上平面平行。

6)切割过程控制。保持割炬运行均匀,割嘴离工件距离保持一致(3~5mm),根据工件厚度调整割嘴大小和氧气压力,切割速度应适当,避免速度过快导致后拖量过大或速度过慢导致切割不透。

7)结束切割。切割完成后,迅速关闭切割氧阀,将割炬抬高,然后关闭乙炔阀,最后关闭预热氧阀。

8)清理和安全检查。关闭所有阀门,清理工作场地,检查是否有残留火种,确保安全。

4. 气割操作注意事项

气割操作人员应按照安全操作规程要求做好个人防护。现场要有监护人员,确保操作安全。

现场气瓶要竖起放置,并用专用装置固定,乙炔瓶和氧气瓶保持5m以上安全距离,操作人员距离气瓶10m安全距离,现场要放置灭火器、水、肥皂水等消防用品,操作现场要求如图 3-10 所示。

1）点燃割炬时身体要避开火焰。
2）防止发生回火，发生回火时应迅速关闭切割氧阀及乙炔阀，随后关闭预热氧阀。
3）注意铁渣飞溅物，防止发生火灾。
4）注意割炬的火焰，不要给他人造成伤害。

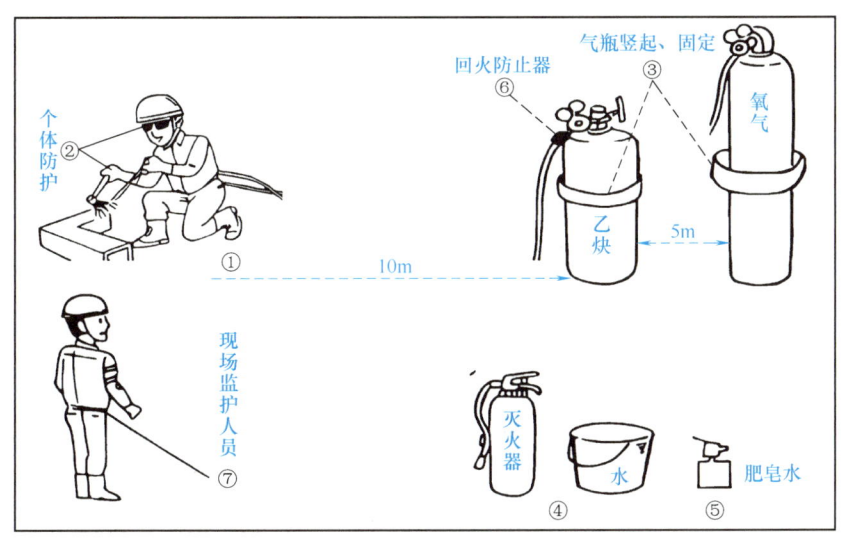

图 3-10　气割操作现场要求

五、匠心讲堂

中国焊接第一人——高凤林

高凤林，1962 年出生于河北省沧州市东光县的一个普通农家，从小勤奋刻苦的他，怀揣着对知识的渴望和对未来的憧憬，以优异的成绩考入了七机部一院的 211 厂技校。虽然最初被分配到了自己并不喜欢的专业，但一次偶然的参观让他对焊接产生了浓厚的兴趣。从此，高凤林开始了自己的焊接之路。火箭的焊接是一项极其严谨的工作，容不得半点差错，需要极大的耐心和细心。高凤林深知这一点，因此他刻苦钻研，不断练习，力求将每一个细节都做到极致。高凤林将大部分的时间都用于学习和实践当中，一旦他进入焊接车间，就会像着了魔一样废寝忘食地工作，即便在闲暇时间，他也毫不放松。他多次在关键时刻为厂和院领导提供技术依据，使长三乙遥二火箭得以顺利发射，并被传为佳话。他还运用精湛技艺修复多台长三甲大喷管，改进多种型号发动机的焊接工艺，并革新长三、长三甲发动机的生产工艺，修复图-154 飞机发动机，共计节约成本 1500 多万元。凭借着这样的努力，高凤林在焊接事业上获得了旁人难以企及的成功，他参与 9 次国家专利与国防专利的申报，突破了 200 多项技术难关。数十年的日积月累，造就了高凤林全国顶尖的焊接技术，30 多年来他焊接了 130 多台火箭发动机，至今保持着业内最长的零失误纪录。2018 年，中华全国总工会和中央广播电视总台授予高凤林"大国工匠年度人物"称号。

支承柱柱脚毛坯气割下料任务书

班级：_____ 姓名：_____ 学号：_____

一、任务相关问题

1. 简述气瓶的分类、颜色与形状。

_____
_____
_____
_____
_____

2. 气割操作时的工艺参数有哪些？

_____
_____
_____
_____
_____

3. 气割操作时握炬手法是怎样的？

_____
_____
_____
_____
_____
_____

4. 气割操作时发生回火的原因及处理措施有哪些？

_____
_____
_____
_____
_____

二、任务计划与讨论决策

小组讨论制订支承柱柱脚毛坯气割下料计划，并填写表 3-2。

表 3-2　支承柱柱脚毛坯气割下料计划表

选择割炬类型		气体类别	
割嘴类型与型号		所需工具	
气割步骤			工艺参数选择
1.			
2.			
3.			
4.			
5.			
6.			
7.			
8.			
9.			
10.			

三、任务实施记录

小组完成支承柱柱脚毛坯气割下料，并记录加工过程，填写表 3-3。

表 3-3　支承柱柱脚毛坯气割下料过程记录表

序号	项目	完成情况和存在问题
1		
2		
3		
4		
5		
6		
7		
8		
9		
10		

四、检查与评价

对支承柱柱脚毛坯气割下料任务进行自评、小组互评和教师评价,并将结果填入表3-4。

表 3-4 支承柱柱脚毛坯气割下料质量评价表

序号	项目	配分	评分标准	学生自评 30%	小组互评 30%	教师评价 40%
1	切割准备:劳保着装及工具准备齐全,并符合要求,参数设置、设备调试正确	5	工具及劳保着装不符合要求,参数设置、设备调试不正确,每项扣1分			
2	切割操作按图样加工	10	定位不对及操作不准确,出现任何一项,不得分			
3	切割操作方法及握炬手法	10	任何一项不正确,扣5分			
4	气割外观:气割表面无刻槽、气割底面无挂渣	20	出现任何一种缺陷,不得分			
5	氧气、乙炔工作压力调节正确	10	一项不正确,扣5分			
6	所割直线应平直	10	不符合要求,扣5分			
7	被割工件不允许未割透	15	不符合要求,不得分			
8	安全文明生产	20	设备、工具复位,试件、场地清理干净,有一处不符合要求,扣1分			
	合计	100				

五、总结与反思

任务二 单层钢结构厂房支承柱柱脚焊接成形

一、工作任务

单层钢结构厂房支承柱柱脚焊接成形。

二、任务分析

支承柱柱脚由底板、立柱及肋板三部件通过焊接成形,一般采用焊条电弧焊或二氧化碳气体保护焊等焊接方法施焊,接头形式为T形接头。为提高焊接质量和工作效率,支承柱柱脚焊缝均采用平焊位置施焊,T形接头平焊焊件图样如图3-11所示。

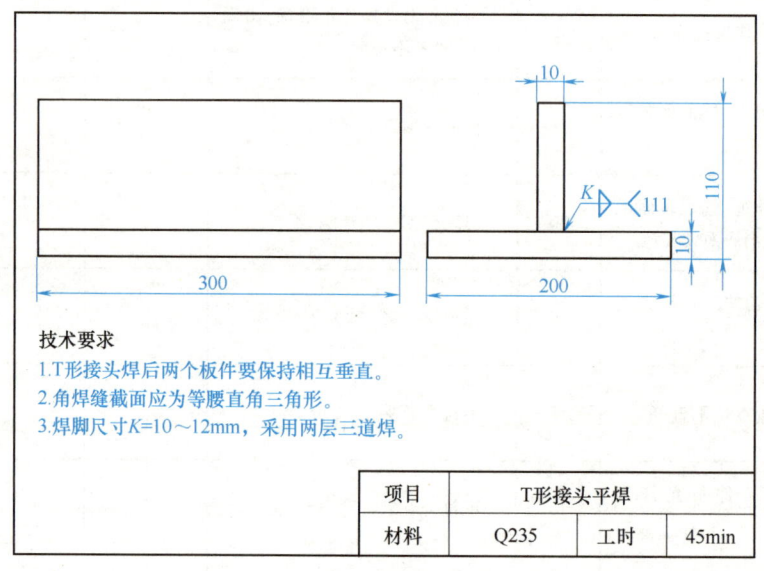

图3-11 T形接头平焊焊件图样

三、知识链接

(一)焊接加工基本知识

焊接是一种重要的金属加工方法,它是采用局部加热、加压,用或不用填充金属,使两块或更多块零部件材料的原子、分子相互贴近、相互扩散、相互渗透、相互熔融并冷凝成为一个整体,永久性不能拆开的一种连接方法。

1. 焊接的分类

按照焊接过程中金属所处的状态不同,可以把焊接方法分为熔焊、压焊和钎焊三类。

(1)熔焊 将待焊处的母材金属熔化以形成焊缝的焊接方法。

(2)压焊 焊接过程中,必须对焊接件施加压力(加热或不加热)以完成焊接的方法。

(3)钎焊 比母材熔点低的钎料和焊件一同加热,使钎料熔化(焊件不熔化)后润湿并填满母材连接的间隙,钎料与母材相互扩散形成牢固连接的方法。

2. 焊接技术的特点

1）与铆接相比，焊接可以节省大量金属材料，减小结构的质量。

2）与铸造相比，焊接不需要制作木模和砂型，也不需要专门熔炼、浇注，工序简单，生产周期短，适用于单件和小批生产。焊接结构比铸件节省材料，这是因为焊接结构的截面可以按需要来选取，不必像铸件那样因受工艺条件的限制而加大尺寸。

焊接也有一些缺点，如产生焊接应力与变形，而焊接应力会削弱结构的承载能力，焊接变形会影响结构形状和尺寸精度。焊缝中可能存在一定数量的缺陷，焊接过程中会产生有毒有害的物质等。这些都是焊接过程中需要注意的问题。

（二）焊条电弧焊设备和工具

1. 焊机型号

我国焊机型号是按统一规定编制的，焊机型号由汉语拼音字母及阿拉伯数字组成，其编排规则如下：

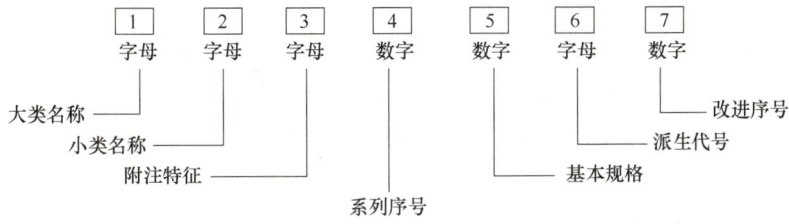

例如，BX1—500，B 表示弧焊变压器，X 表示下降外特性，1 表示动铁心式，500 表示额定焊接电流为 500A。

大类名称：A——弧焊发电机；B——弧焊变压器；Z——弧焊整流器。

小类名称：X——下降外特性；P——平特性；D——多特性。

附注特征：G——硅整流器。

系列序号：1——动铁式系列；3——动圈式系列；5——晶闸管系列；7——逆变式系列。

基本规格：额定最大焊接电流。

2. 焊条的组成及分类

（1）焊条　电焊中使用涂有药皮的熔化电极称为焊条。焊条由焊芯和药皮两部分组成。

（2）焊芯　焊条中被药皮包覆的金属芯称为焊芯。

（3）焊芯的作用　在焊接时传导电流产生电弧并熔化，成为焊缝金属。

（4）药皮　压涂在焊芯表面上的涂层称为药皮。

（5）药皮的主要成分

1）稳弧剂。稳弧剂的主要作用是改善焊条引弧性能和提高焊接电弧的稳定性。

2）造渣剂。造渣剂的主要作用是形成具有一定物理性能、化学性能的熔渣，产生良好的机械保护和冶金处理作用。

3）造气剂。造气剂的主要作用是生成保护气氛，同时也有利于熔滴过渡，使焊缝成形良好。

4）脱氧剂。脱氧剂的主要作用是对熔渣和焊缝脱氧。

5）合金剂。合金剂的主要作用是在焊缝金属中渗入必要的合金成分，以补偿已经烧损或蒸发的合金元素和添加特殊性能要求的合金元素。

6）稀渣剂。稀渣剂的主要作用是降低焊接熔渣的黏度，增加熔渣的流动性。

7）黏结剂。黏结剂的主要作用是将药皮牢固地黏结在焊芯上。

8）增塑剂。增塑剂的主要作用是改善药皮的塑性和滑性，使之易于压涂在焊芯上。

（6）焊条的分类

1）按药皮类型不同，焊条可分为钛铁矿型、钛钙型、高纤维素钠型、高纤维素钾型、高钛钠型、高钛钾型、铁粉钛型、氧化铁型、铁粉氧化型、低氢钠型、低氢钾型、铁粉低氢型等。

2）按焊条药皮熔化后的熔渣特性分类，焊条可分为酸性焊条和碱性焊条。酸性焊条有E4301、E5001等；碱性焊条有E5015等。

碳钢焊条的型号表示法：E ×× ××

首字母"E"表示焊条；前两位数字表示熔敷金属抗拉强度的最小值，单位为kgf/mm^2（$1kgf/mm^2 = 9.81MPa$）；第三位数字表示焊条的焊接位置，"0"及"1"表示焊条适用于全位置焊接（即可平、立、仰、横焊），"2"表示焊条适用于平焊及平角焊，"4"表示焊条适用于向下立焊；第三位和第四位数字组合表示焊接电流种类及药皮类型。在第四位数字后附加字母表示有特殊规定的焊条，如"R"表示耐吸潮焊条；附加"-1"表示冲击性能有特殊规定的焊条。

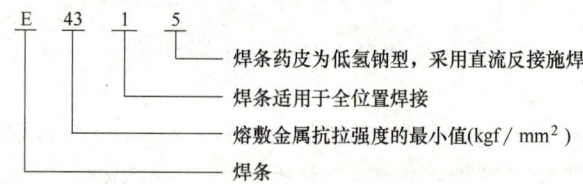

（三）焊条电弧焊焊接参数选择

焊条电弧焊的焊接参数主要包括焊条直径、焊接电流、电弧电压、焊接速度、焊道层数、电源种类及极性等。

1. 焊条直径的选择

为了提高生产率，应尽可能选用较大直径的焊条，但是用直径过大的焊条焊接，会造成未焊透或焊缝成形不良。焊条直径的选择与下列因素有关。

（1）焊件厚度 薄焊件选用较小直径的焊条，厚度较大的焊件应选用较大直径的焊条。一般情况下，焊条直径与焊件厚度的选用关系见表3-5。

表3-5 焊条直径与焊件厚度的选用关系表

焊件厚度/mm	2	3	4~5	6~12	>13
焊条直径/mm	2	3.2	3.2~4	4~5	4~6

（2）焊缝位置 相同板厚的焊件立焊时焊条直径比其他位置大。仰焊、横焊时最大直径不超过4mm，立焊最大直径不超过5mm。

（3）焊接层数 多层焊接第一层焊缝焊条直径应小一些，打底焊道常选φ3.2mm焊条，若选用直径较大的焊条，会造成根部未焊透。

2. 焊接电流的选择

选择焊接电流时，应根据焊条类型、焊条直径、焊件厚度、接头形式、焊接位置和层数等因素综合考虑。焊工在操作时选好焊条直径和焊接位置后，需要调节的只有焊接电流，而电弧电压和焊接速度是由焊工控制的。焊接电流是焊条电弧焊的主要焊接参数。

焊接电流越大，熔深越大，焊条熔化快，焊接效率也高。如果焊接电流过小会使引弧困难，电弧不稳，造成未焊透、夹渣以及焊缝成形不良等缺陷，而且生产率低。反之，焊接电流过大易产生咬边、焊穿，增加焊件变形和金属飞溅量，也会使焊接接头的组织由于过热而发生变化，降低焊接接头的韧性。所以，焊接时要合理选择焊接电流。

焊接电流的大小主要根据焊条直径、焊条类型、焊件厚度、接头形式、焊缝空间位置以及焊接层次等因素来确定。一般用碳钢焊条焊接时，焊接电流可按下式计算：

$$I = dK$$

式中　I——焊接电流（A）；

　　　d——焊条直径（mm）；

　　　K——经验系数（A/mm），见表3-6。

表3-6　焊接电流经验系数与焊条直径的关系

焊条直径/mm	1.6	2~2.5	3.2	4~6
经验系数/(A/mm)	20~25	25~30	30~40	40~50

不同焊条直径推荐选用的焊接电流见表3-7。

表3-7　焊条直径与焊接电流匹配参数表

焊条直径/mm	1.6	2.0	2.5	3.2	4.0	5.0	5.8
焊接电流/A	25~40	40~60	50~80	100~130	160~210	200~270	260~300

另外，立焊时，电流应比平焊时小15%~20%；横焊和仰焊时，电流应比平焊时小10%~15%。

焊工可在试焊板上试焊来判断电流是否合适。

1）飞溅。电流过大时，电弧吹力大，可看到有大颗粒的铁液向熔池外飞溅，焊接过程中爆裂声大，焊件表面不干净；电流太小时，焊条熔化慢，飞溅小，电弧吹力小，熔渣与铁液很难分离。

2）焊缝成形。电流过大时，焊缝低，熔池大，两边易产生咬边；电流过小时，焊缝窄而高，且两侧与母材结合不好；电流适中时，则焊缝高度适中，焊缝两侧与母材结合得很好。

3）焊条熔化情况。焊接电流过大时，在烧掉大半根焊条后便发现所剩较长的焊条头发红；焊接电流过小时，电弧燃烧不易稳定，焊条易黏在焊件上。

3. 电弧电压的选择

焊条电弧焊的电弧电压主要由电弧长度来决定。焊接过程中，为了保证焊缝质量，要求电弧燃烧稳定，保持一定的电弧长度。电弧长度越大，电弧电压越高；电弧长度越短，电弧电压越低。一般来讲，使用低氢碱性焊条，应尽量保持短弧焊接。若电弧过长，会出现电弧燃烧不稳定，增加金属飞溅，减少熔深以及产生咬边等缺陷。另外，由于空气中氧、氮的侵入，会使焊缝产生气孔。因此，焊接时一般要求弧长不得超过焊条直径，为焊条的直径一半较好，其相应的电弧电压为16~25V。酸性焊条的电弧长度应比碱性焊条长，其电弧长度不得小于焊条直径。立焊、仰焊时，弧长应比平焊更短，以利于熔滴过渡，防止熔化金属下滴。

4. 焊接速度

焊接速度是指焊接过程中焊条沿着焊接方向移动的速度，即单位时间内完成的焊缝长度。焊接速度的选择与所采用的焊接电流、电弧电压以及坡口和焊接位置有关。焊接过程中，焊接速度应该均匀适当，既要保证焊透，又要保证不焊穿，同时还要使焊缝宽高符合设计要求。焊接速度过快，熔化温度不够，会造成焊缝变窄，严重凹凸不平，容易产生咬边及焊缝波形变尖；焊缝速度过慢，高温停留时间增长，热影响区宽度增加，会使焊缝变宽，余高增加，工效降低，当焊接较薄焊件时，易形成烧穿。

焊接速度直接影响焊接生产率，所以应该在保证焊缝质量的基础上采用较大的焊条直径和焊接电流，同时根据具体情况适当加快焊接速度，以提高焊接生产率。

5. 焊道层数

一般对于开坡口的厚板的焊接，均采用多层焊或多层多道焊。碳钢厚板焊接时，每层焊缝厚度超过5mm，对焊接接头的显微组织、力学性能影响不明显；而对低合金高强度钢等钢种，每层焊缝的厚度会影响到显微组织的粗细和力学性能。如厚板焊接时，焊缝层数少，每层焊缝厚度太大时，由于晶粒粗化，将导致焊接接头的塑性和韧性下降。如同样厚度的钢材，采用多道焊或多层多道焊，焊接接头显微组织变细，热影响区较窄。前一条焊道对后一条焊道起预热作用，而后一条焊道对前一条焊道起热处理作用。因此，接头的塑性和韧性都相对比较好。特别是对于易淬火钢，后焊道对前焊道起回火的作用，可改善接头组织和性能。对于低合金高强度钢等钢种，为确保接头的组织和性能，每层焊道厚度不能大于5mm。

焊接层数主要根据焊件厚度、焊条直径、坡口形式和装配间隙等来确定，可用下式近似估算：

$$n = \delta / d$$

式中　n——焊接层数；

　　　δ——焊件厚度（mm）；

　　　d——焊条直径（mm）。

（四）焊接位置

1. 平焊

1）选择合格的焊接工艺、焊条直径、焊接电流、焊接速度、焊接电弧长度等，通过焊接工艺试验验证。

2）清理焊口。焊前检查坡口、组装间隙应符合要求，定位焊应牢固，焊缝周围不得有油污、锈物。

3）烘焙焊条应符合规定的温度与时间，从烘箱中取出的焊条应放在焊条保温桶内，随用随取。

4）焊接电流。根据焊件厚度、焊接层次、焊条型号、直径、焊工熟练程度等因素，选择适宜的焊接电流。

5）引弧。角焊缝引弧点应在焊缝端部，宜大于10mm，引弧后应立即将焊条从焊缝区拉开，使焊条与构件间保持2~4mm间隙产生电弧。对接焊缝及对接和角接组合焊缝，在焊缝两端设引弧板和引出板，必须在引弧板上引弧后再焊到焊缝区，中途接头则应在焊缝接头前方15~20mm处引弧，将焊件预热后再将焊条退回到焊缝起始处，把熔池填满到要求的厚度后，方可向前施焊。常用引弧方法有划擦法和直击法两种方法，如图3-12所示。

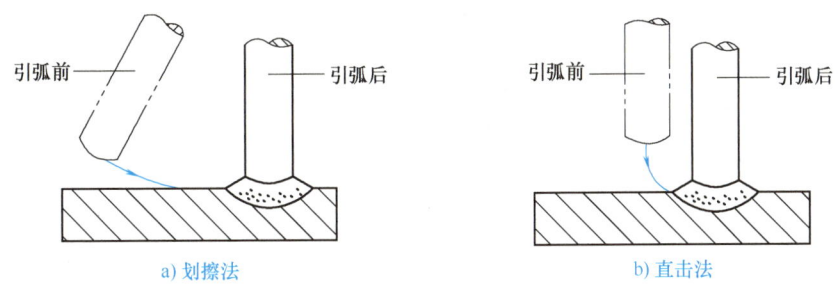

a) 划擦法　　　　　　　　b) 直击法

图3-12　引弧方法

6）焊接速度。要求等速焊接，保证焊缝厚度、宽度均匀一致，从面罩内看熔池中铁液与熔渣保持2~3mm距离为宜。

7）焊接电弧长度。根据焊条型号确定焊接电弧长度，一般要求电弧长度稳定不变，酸性焊条一般为3~4mm，碱性焊条一般为2~3mm。

8）焊接角度。根据两焊件的厚度确定，焊接角度有两个方面，一是焊条与焊接前进方向的夹角为60°~80°。二是焊条与焊件的左右夹角，又可细分为两种情况，当焊件厚度相等时，焊条与焊件夹角均为45°；当焊件厚度不等时，焊条与较厚焊件一侧夹角应大于焊条与较薄焊件一侧夹角，如图3-13所示。

9）收弧。每条焊缝焊到末尾，应将弧坑填满后，往焊接方向相反的方向带弧，使弧坑甩在焊道里边，以防弧坑咬肉。焊接完毕，应采用气割切除弧板，并修磨平整，不许用锤子击落。

10）清渣。整条焊缝焊完后清除焊渣，经焊工自检（包括外观及焊缝尺寸等）确无问题后，方可转移地点继续焊接。

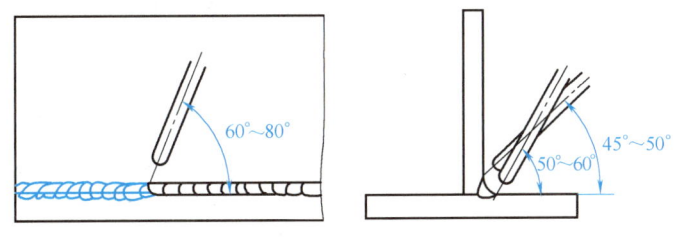

图3-13　焊接角度

2. 立焊

基本操作工艺过程与平焊相同，但应注意下述问题：

1）在相同条件下，焊接电流比平焊电流小10%~15%。

2) 采用短弧焊接，弧长一般为 2~3mm。

3) 焊条角度根据焊件厚度确定。两焊件厚度相等，焊条与焊件左右方向夹角均为 45°；两焊件厚度不等时，焊条与较厚焊件一侧的夹角应大于较薄一侧的夹角。焊条应与垂直面形成 60°~80°角，使角弧略向上，吹向熔池中心。

4) 收弧。当焊到末尾时，采用排弧法将弧坑填满，把电弧移至熔池中央停弧。严禁使弧坑甩在一边。为了防止咬肉，应压低电弧变换焊条角度，使焊条与焊件垂直或由弧稍向下吹。

3. 横焊

基本与平焊相同，焊接电流比同条件平焊的电流小 10%~15%，电弧长 2~4mm。焊条的角度，横焊时焊条应向下倾斜，其角度为 70°~80°，防止铁液下坠。根据两焊件的厚度不同，可适当调整焊条角度，焊条与焊接前进方向夹角为 70°~90°。

4. 仰焊

基本与立焊、横焊相同，其焊条与焊件的夹角和焊件厚度有关，焊条与焊接方向成 70°~80°角，宜用小电流、短弧焊接。

（五）冬季低温焊接

在环境温度低于 0℃ 条件下进行电弧焊时，除遵守常温焊接的有关规定外，还应调整焊接参数，使焊缝和热影响区缓慢冷却。风力超过 4 级时，应采取挡风措施；焊后未冷却的接头，应避免碰到冰雪。

为防止钢结构产生焊接裂纹，应先预热，控制层间温度。当工作地点温度在 0℃ 以下时，应进行工艺试验，以确定适当的预热、后热温度。

冬季低温焊接时应注意的质量问题：

1) 尺寸超出允许偏差。对焊缝长度、宽度、厚度不足，以及中心线偏移、弯折等偏差，应严格控制焊接部位的相对位置尺寸，合格后方准焊接，焊接时应精心操作。

2) 焊缝裂纹。为防止裂纹产生，应选择适合的焊接参数和施焊程序，避免用大电流，不要突然熄火，焊缝接头应搭接 10~15mm，焊接中不允许搬动、敲击焊件。

3) 表面气孔。焊条按规定的温度和时间进行烘焙，焊接区域必须清理干净，焊接过程中选择适当的焊接电流，降低焊接速度，使熔池中的气体完全逸出。

4) 焊缝夹渣。多层施焊应层层将焊渣清除干净，操作中应运条正确，弧长适当。注意熔渣的流动方向，采用碱性焊条时，必须使熔渣留在熔池后面。

（六）焊接成品保护

1) 焊后不准撞砸接头，不准往刚焊完的焊件上浇水。低温下应采取缓冷措施。

2) 不准随意在焊缝外母材上引弧。

3) 各种构件校正好之后方可施焊，不得随意移动垫铁和夹具，以防造成构件尺寸偏差。隐蔽部位的焊缝必须办理完隐蔽验收手续后，方可进行下道隐蔽工序。

4) 低温焊接不准立即清渣，应等焊缝降温后进行。

四、技能辅导

（一）焊条电弧焊基本操作训练——平敷焊

焊条电弧焊基本操作训练一般从平敷焊开始。平敷焊是在平焊位置上堆敷焊道的一种焊接操作方式，是所有焊接操作方法中最简单、最基础的方法。

1. 焊前准备

1）设备。焊机型号 ZX7-400。

2）材料。焊条型号 E4303、规格 φ3.2mm；焊件尺寸 300mm×200mm×8mm。

3）工具。敲渣锤、钢丝刷等。

2. 焊接训练

（1）平敷焊操作姿势　平敷焊时一般采用蹲式操作，蹲姿要自然，两脚夹角为 70°~85°，两脚距离为 240~260mm，如图 3-14 所示。

焊条电弧焊平敷焊

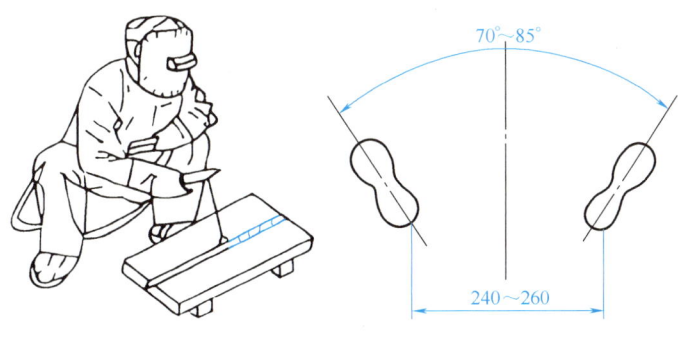

a) 蹲式操作姿势　　　　　b) 两脚的位置

图 3-14　平敷焊操作姿势

（2）引弧　分组练习划擦引弧、直击引弧两种引弧方法。

（3）运条

1）焊条的角度。以焊缝位置线作为运条的轨迹，焊条与两侧母材夹角为 90°，与焊接方向的夹角为 70°~80°，平敷焊时可采用直线运条法，如图 3-15 所示。

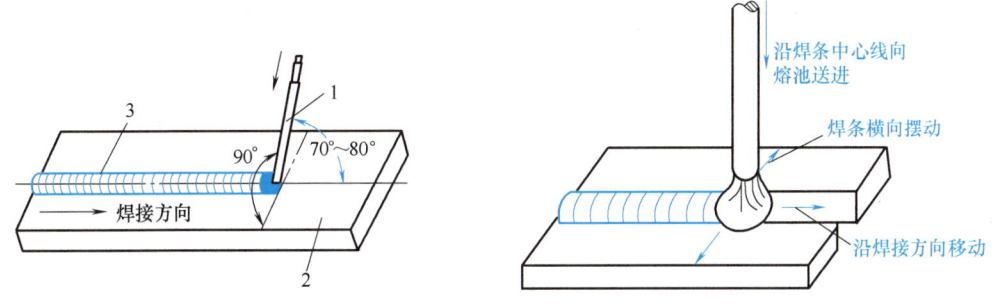

图 3-15　焊条的角度、运条方向

1—焊条　2—母材　3—焊道

2）运条方向及要领。焊接操作时，运条一般要同时完成三个基本动作，即沿焊条中心线向熔池送进、沿焊接方向均匀移动和横向摆动。

① 焊条沿中心线向熔池送进，是使焊条在不断熔化的过程中保持弧长不变。焊条下送速度应与焊条的熔化速度相同，否则会发生断弧或黏结现象。

② 焊条沿焊接方向移动，是为了控制焊道成形。随着焊条向前移动，会逐渐形成一条

焊道。焊条向前移动的速度过快，会导致焊道过窄甚至难以成形；速度过慢，则会出现焊道过厚、过宽的现象，还可能出现烧穿等缺陷。

③ 焊条横向摆动，是为了得到一定宽度的焊道。其摆动幅度根据焊件厚度、坡口大小等因素决定，焊条电弧焊的运条方法见表3-8。

表 3-8 焊条电弧焊常用的运条方法

运条方法	示意图
直线运条法	
直线往复运条法	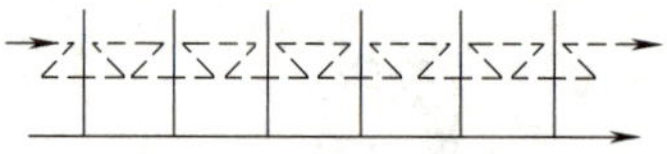
锯齿形运条法	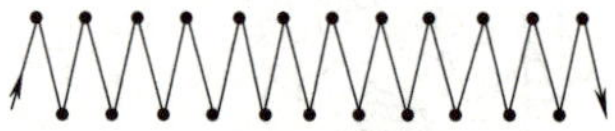
月牙形运条法	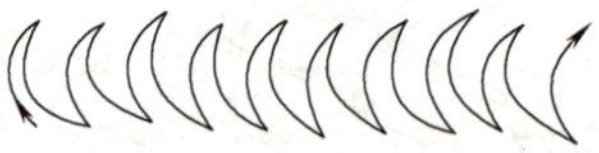
斜三角形运条法	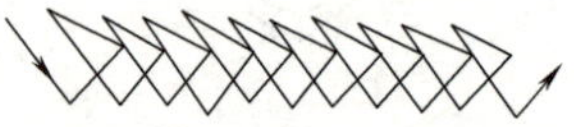
正三角形运条法	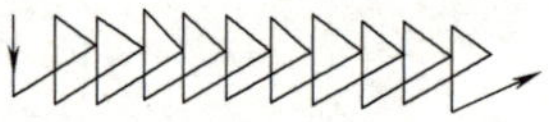
正圆圈形运条法	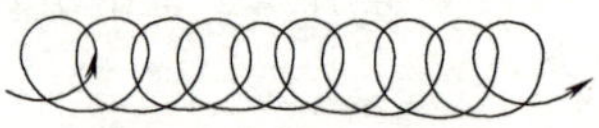
斜圆圈形运条法	

运条的关键是平稳、均匀，三个动作不能机械地分开，而应相互协调，才能焊出满意的焊缝。

（4）平敷焊操作要领　焊条电弧焊平敷焊各环节焊接操作要领见表3-9。

表 3-9 焊条电弧焊平敷焊各环节焊接操作要领

环节	示意图	操作要领
起头	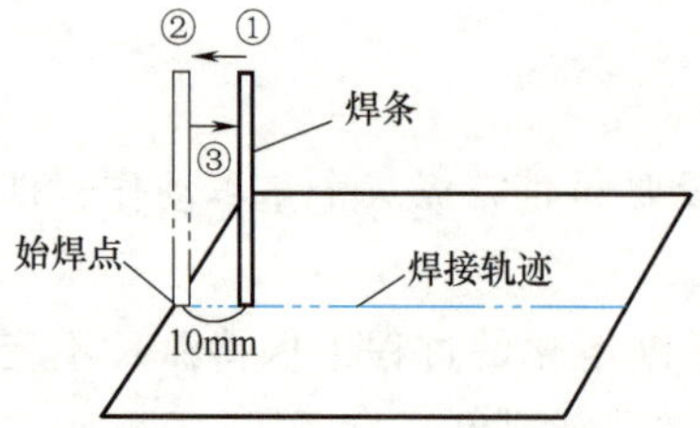	在始焊点后大约10mm位置引弧，引燃电弧后拉长电弧，并迅速将电弧移至焊缝起点进行预热。预热后将电弧压短，焊条可做适当的横向摆动，达到焊道所需宽度后，保持一定的焊条角度正常施焊

(续)

环节	示意图	操作要领
接头	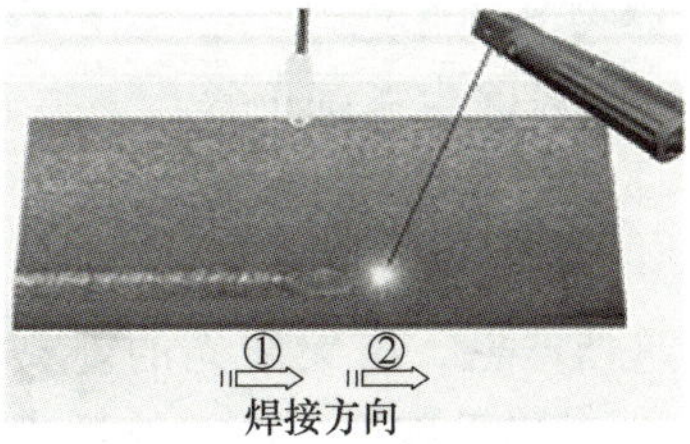 后续焊道的头与前面焊道的尾相接	在先焊的焊道弧坑前 10mm 处引弧,拉长电弧缓慢移动到原弧坑处,压低电弧,焊条再做微微转动,使弧坑填满。当新形成的熔池外缘与原弧坑边缘相吻合时,立即向前正常焊接
收尾	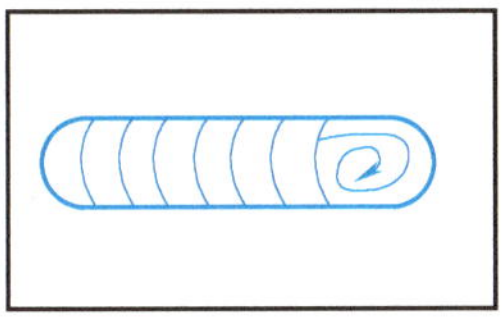 画圈收弧法	当焊至终点时,焊条做圆圈运动,直至填满弧坑再熄弧。此法适用于厚板焊接
	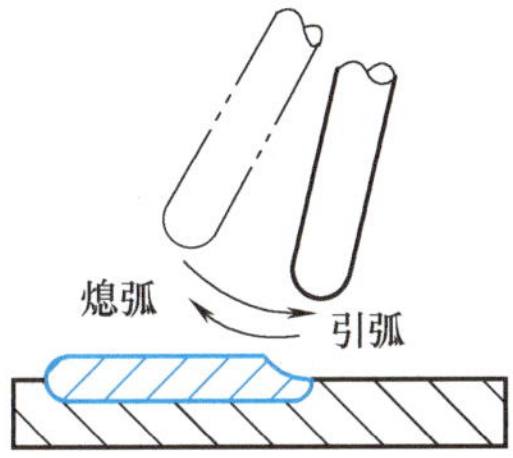 反复断弧收弧法	焊至终点,焊条在弧坑处进行数次熄弧、引弧的反复操作,直到填满弧坑为止。此法适用于薄板焊接
	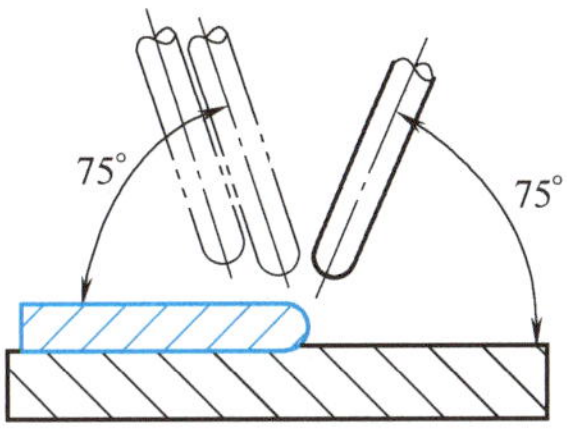 回焊收弧法	当焊至结尾处时,不马上熄弧,而是按照原来的方向,回焊一小段(约 5mm 的距离),待填满弧坑后,慢慢拉断电弧。碱性焊条常用此法

(二)焊条电弧焊平角焊

1. 焊前准备

(1) 设备、工具、焊材、焊件准备

① 焊机。ZX7-400 逆变式直流弧焊机。

② 工具。活扳手、钢丝刷、敲渣锤、錾子、锤子、钢直尺、90°角尺、角向磨光机、焊条保温桶、焊接检验尺等。

③ 焊材。焊条型号 E4303,规格 $\phi 4.0mm$。

④ 焊件。材料 Q235,尺寸规格 300mm×200mm×10mm、300mm×100mm×10mm 各 1 块。清除焊件接头待焊区域坡口两侧各 20mm 范围内的油污锈蚀、水分及其他污物,直至露出金

属光泽。

（2）焊前安全检查项目要求

1）场地。焊接场地周围 10m 范围内无易燃易爆物品。

2）设备。焊机有接地或接零，风扇运转正常，通风除尘系统正常。

3）工具。工具能正常使用。

4）夹具。装夹牢固。

5）安全防护用品。检查面罩和护目镜片是否遮挡严密，有无漏光的现象；工作服、焊工防护手套及焊工防护鞋无破损，能正常使用；防尘口罩无破损，能有效过滤或隔离烟尘和有毒气体。

2. 装配与焊接

（1）焊件装配

1）定位焊。如图 3-16 所示，首先将焊件装配成 90° T 形接头，不留间隙。定位焊时，使用与焊接焊件相同型号的焊条，定位焊的位置应在焊件两端的对称处，定位焊缝长度为 10~15mm。

2）注意事项。装配前采取划线定位方式确定两块焊件的相对位置。考虑焊接变形问题，装配定位焊时应采用反变形。装配定位焊完成后，应矫正焊件，保证立板的垂直度，清理干净接口周围 20mm 内的油、锈、飞溅物等。

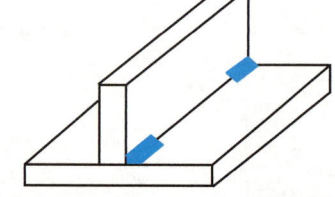

图 3-16 焊件 T 形接头装配定位焊

（2）焊件焊接

1）焊条角度。如图 3-17 所示，平角焊时，焊条一般与 T 形接头两块钢板的夹角成 45°，与焊接方向成 65°~80°。

2）焊接层数。焊脚尺寸决定焊接层数和焊道数量。一般情况下，焊脚尺寸在 5mm 以下时采用单层焊，6~8mm 时采用多层焊，大于 10mm 时采用多层多焊。支承柱柱脚角焊缝焊脚尺寸要求大于 10mm，因此采用多层多焊，分两层三道完成施焊，各焊道的焊条角度如图 3-18 所示。

焊条电弧焊 T 形接头平角焊

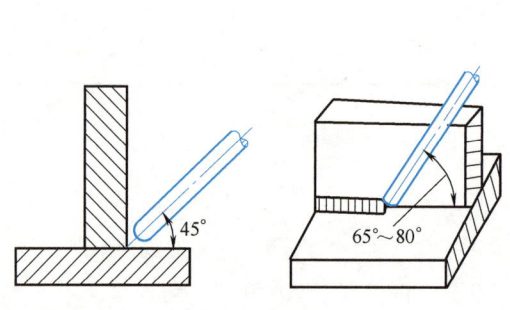

图 3-17 平角焊的焊条角度

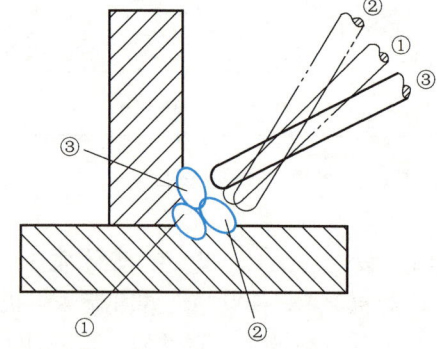

图 3-18 T 形接头平角焊焊缝分布情况

3）焊接参数。主要焊接参数见表 3-10。

4）焊接操作要点。T 形接头平焊操作步骤和要点见表 3-11。

表 3-10 T形接头平焊主要焊接参数

焊接层次	焊条直径/mm	焊接电流/A	电弧电压/V	焊接速度/(mm/min)
第一层	φ3.2	120~140	22~24	180~200
第二层 第一道		110~130	22~24	170~190
第二层 第二道		110~130	22~24	180~200

表 3-11 T形接头平焊操作步骤和要点

操作步骤	图示	操作要点
第一层 打底单道焊	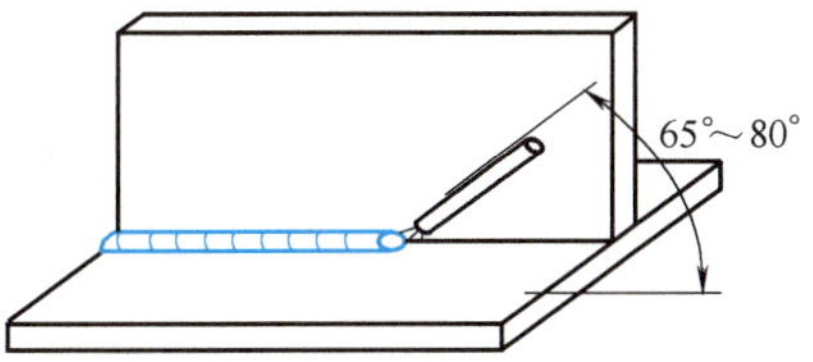	打底层的焊接起弧时,在始焊端约10mm处引弧,再将电弧拉到始焊端,弧长约10mm,停顿1~2s,迅速压低电弧,弧长保持在2~4mm,开始正常焊接。直线运条时,焊条角度如图所示。焊接时采用短弧,速度要均匀,焊条与T形接头两块钢板的夹角成45°,与焊接方向成65°~80°,注意控制熔池形状,防止咬边、夹渣等缺陷产生
第二层 盖面两道焊	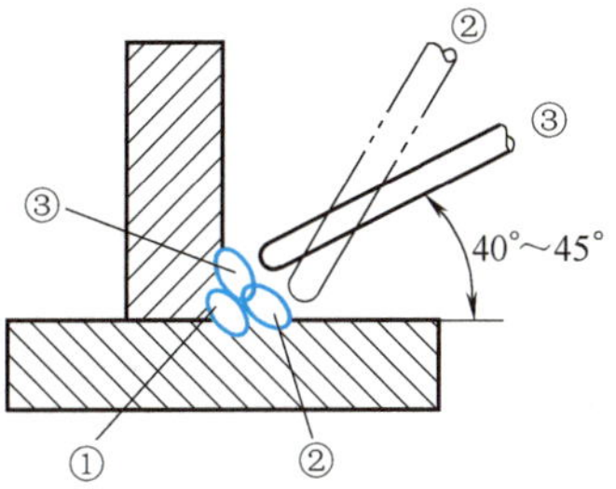	盖面层焊前应清理干净焊渣和飞溅物。焊接时,焊条中心对准打底层焊缝与水平钢板或垂直钢板的焊趾处,焊条角度要有适当的变化;焊缝表面应光滑,略呈内凹,避免立板侧出现咬边;焊脚对称并符合尺寸要求 1)第二道焊缝的焊接。焊条中心对准打底层焊缝与水平钢板的焊趾处,焊条与水平钢板的夹角>45°。直线运条要稳,焊缝要覆盖第一层焊缝的1/2~2/3;焊缝与水平钢板之间应熔合良好,边缘整齐;焊接速度比打底层焊接时稍慢 2)第三道焊缝的焊接。操作同第二道焊缝,焊条与水平钢板的夹角<45°,焊缝要覆盖第二道焊缝的1/3~1/2。焊接速度要均匀,不能太慢,否则易产生咬边或焊瘤,使焊缝成形不美观
另一面焊缝 两层三道焊	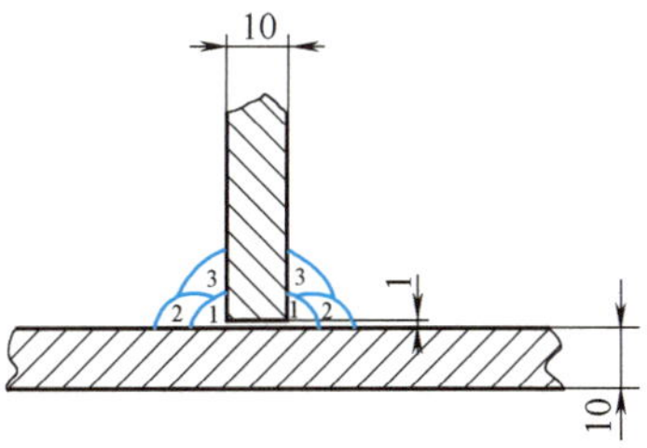	与前面焊缝操作一致

(续)

操作步骤	图示	操作要点
焊缝清理	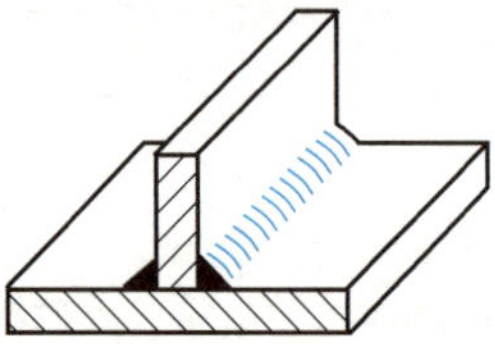	焊后清理焊渣和飞溅物，注意不得破坏焊缝金属原始表面

五、匠心讲堂

用焊花熔铸匠心的"兵哥焊将"

程平的父亲是一名空军雷达兵，受父亲影响，高中毕业后程平入伍当了3年炮兵侦察兵，这段部队经历练就了他不怕吃苦的意志。1995年，从部队转业的程平来到华能德州电厂，从事检修工一职。在一次偶然的检修中，他看到一位老师傅焊接工件，耀眼的焊花把程平的兴趣点燃了。"焊枪里喷出的火焰瞬间把钢铁熔化，焊接后的花纹十分平整漂亮。"这是程平对电焊工作的第一印象。1997年夏，程平来到焊工班，开始全面学习焊接技术。仰焊、立焊、平焊……他常常利用业余时间苦练焊接操作基本功。对于电焊技术工人来说，焊条的接头是评价技术好坏的关键，想要让接口"隐形"，唯有提升熟练度。"别人练2个小时，我就练6个小时，一根300mm长的焊条我烧20mm就断一下，一根焊条便可以训练十几次接口焊接，准确性自然就提升了。"长时间的焊接操作，把他的脸烤得一层层掉皮，眼睛到夜晚就会肿胀流泪，但他丝毫不觉得苦。在练就一身过硬的焊接技术后，他的关注点转移到焊接工艺"卡脖子"难题上，先后完成技术攻关30余项。让程平自豪的是他和团队成员攻克"司太立硬质合金真空水冷堆焊修复工艺"这项技术，成功打破了国外的技术垄断；他研究的"高压阀门结合面堆焊修复"项目荣获一带一路暨金砖国家技能发展与技术创新大赛金奖；他带队发明的手工氩弧焊自动送丝器，填补了国际焊接领域空白，俄罗斯、乌克兰、斯洛文尼亚等国专家找到程平想重金购买此产品核心技术，被程平当面婉言拒绝。从"兵哥"到"焊将"，从"电力小白"到"大国工匠"，程平在平凡的工作岗位上取得了不凡的成绩，在火热的焊花中书写了属于自己的璀璨人生。

单层钢结构厂房支承柱柱脚焊接成形任务书

班级：_____ 姓名：_____ 学号：_____

一、任务相关问题

1. 对比、总结划擦法和直击法两种引弧方法的操作要领。
_____
_____
_____
_____
_____

2. 试分析焊接电流对焊接过程的影响。

1）电流过大时，电弧吹力_____，可看到较大颗粒的铁液向熔池外_____，焊接时爆裂声_____；电流过小时，电弧吹力_____，_____和_____不易分清。

2）电流过大时，熔深_____、焊缝余高_____、两侧易产生_____；电流过小时，焊缝窄而高、熔深浅，且两侧与母材金属熔合不好；电流适中时，焊缝两侧与母材金属熔合得很好，呈_____过渡。

3）电流过大，当焊条熔化了大半根时，其余部分均已_____；电流过小时，电弧燃烧不稳定，焊条容易_____。

3. 在焊接过程中，由于焊工操作技能不熟练、焊接参数、焊接材料选择不当等原因，往往会在焊接接头区域内产生不符合设计要求的焊接缺陷。请查阅资料，说一说焊条电弧焊常见缺陷类型、产生原因及特点。
_____
_____
_____
_____
_____

4. 分析平角焊产生夹渣和焊脚尺寸不对称的原因。
_____
_____
_____
_____

二、任务计划与讨论决策

小组讨论制订支承柱柱脚焊接施工计划方案,并填写表 3-12。

表 3-12　支承柱柱脚焊接施工计划表

焊接设备型号		工件下料方式	
焊接材料		所需工具	
加工步骤			工艺参数选择
1.			
2.			
3.			
4.			
5.			
6.			
7.			
8.			
9.			
10.			

三、任务实施记录

小组合作完成支承柱柱脚焊接任务,并记录加工过程,填入表 3-13。

表 3-13　支承柱柱脚焊接过程记录表

序号	项目	完成情况和存在问题
1		
2		
3		
4		
5		
6		
7		
8		
9		
10		

四、检查与评价

1. 对焊条电弧焊平敷焊焊缝进行自评、小组互评和教师评价,并将结果填入表 3-14。

表 3-14　焊条电弧焊平敷焊焊缝操作评价表

小组名称:　　　　　　　　　　　　　　　　　　　　组员姓名:

项目及要求	分值	扣分标准	学生自评 30%	小组互评 30%	教师评价 40%
操作姿势正确	10	酌情扣分			
引弧方法正确	10	酌情扣分			
运条方法正确	10	酌情扣分			
定点引弧方法正确	8	酌情扣分			
引弧堆焊方法正确	8	酌情扣分			
平敷焊道均匀	14	酌情扣分			
焊道起头圆滑	8	起头不圆滑不得分			
焊道接头平整	8	接头不平整不得分			
收尾无弧坑	8	出现弧坑不得分			
焊缝平直	8	焊缝不平直不得分			
焊缝宽度一致	8	焊缝宽度不一致不得分			
合计	100				

2. 对支承柱柱脚角焊缝进行自评、小组互评和教师评价,并将结果填入表 3-15。

表 3-15　支承柱柱脚角焊缝任务完成情况评价表

序号	考核要点	配分	评分标准	学生自评 30%	小组互评 30%	教师评价 40%
1	焊机、工具的焊前准备	5	是否按要求施行			
2	正确使用焊机	5	是否按要求施行			
3	焊缝外观质量:焊脚尺寸	10	10~12mm			
4	焊缝外观质量:焊缝凸度	10	≤2.0mm			
5	焊缝外观质量:咬边	10	深度≤0.5mm,不超过焊缝有效长度的10%			
6	焊缝外观质量:电弧擦伤	10	无			
7	焊缝外观质量:焊道层数	10	2层3道			
8	焊缝外观质量:垂直度误差	10	≤1.0mm			
9	焊缝外观质量:气孔	10	表面无气孔			
10	5S管理实施:劳保用品	4	劳保用品未按要求穿戴			
11	5S管理实施:焊接过程	4	焊接过程中有无违反安全操作现象			

（续）

序号	考核要点	配分	评分标准	学生自评 30%	小组互评 30%	教师评价 40%
12	5S管理实施:现场清理	2	现场是否清理干净,工具是否摆放整齐			
13	焊缝表面是否保持原始状态	10	焊件是否有修磨、补焊等破坏焊缝表面现象			
	合计	100				

五、总结与反思

模块四 热处理实训

知识目标：

1）对热处理的定义、原理以及常见方法有清晰的了解，包括退火、淬火、回火、正火等基本工艺过程。

2）学会如何通过热处理调整金属的组织结构，从而改善其力学性能、耐磨性、耐蚀性等特性。

3）对常见金属材料（如钢、铝合金等）的热处理工艺流程、工艺参数有所了解。

技能目标：

1）掌握热处理设备的操作技能，可以完成金属材料的淬火、退火、回火操作。

2）能够熟练操作各种金属性能与参数的检测设备，可以完成热处理前后金属的硬度检测。

3）掌握热处理过程中的安全操作规范，包括设备操作安全、防火防爆措施等，同时关注环保要求，确保热处理过程对环境无害。

素养目标：

1）始终将安全放在首位，严格遵守安全操作规程和流程，保障人员和设备的安全。

2）对工作负责，积极解决问题，保证工作质量。

3）具备良好的团队合作意识和沟通能力，与团队成员协作，共同完成任务。

4）能够主动分析问题，寻找解决方案，并进行实践验证，具备解决实际工程问题的能力，提高创新思维水平。

任务　齿轮热处理

一、工作任务

直齿圆柱齿轮零件图如图4-1所示，设计其热处理工艺。

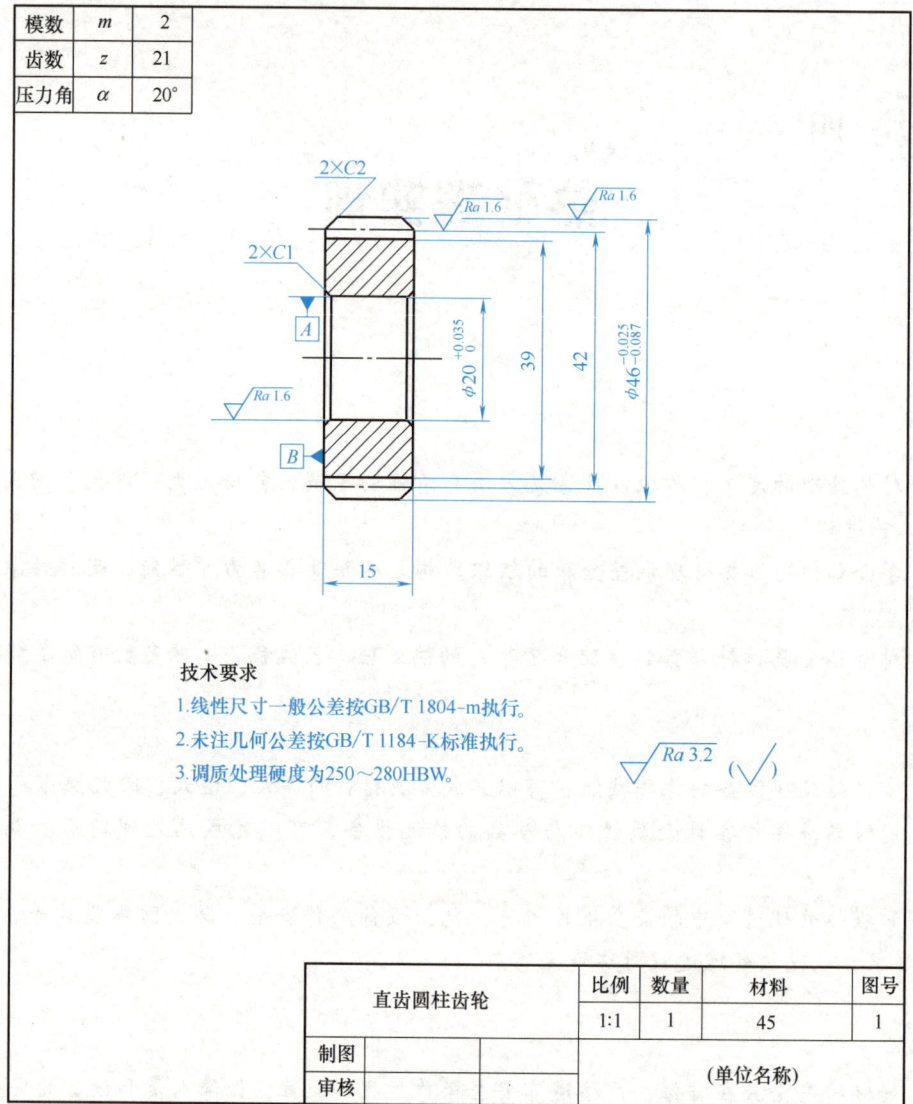

图 4-1　直齿圆柱齿轮零件图

二、任务分析

1）图 4-1 所示直齿圆柱齿轮工况为低速、重载、无冲击。
2）材质为 45 钢。
3）主要的热处理工艺为淬火、中温回火。

三、知识链接

（一）热处理基础知识

1. 热处理定义

热处理就是将金属材料在固态下通过加热到一定的温度，并在这个温度保持一定时间

（保温），然后以一定的方式（如水、油或空气）冷却下来，从而改变其内部组织，得到所需性能的一种工艺方法。热处理与铸造、焊接、锻造不同，它的目的是只要求改变金属材料的组织和性能，而不改变零件的形状和尺寸。

2. 热处理的用途

在工业生产中，热处理已成为保证产品质量、改善加工条件、节约金属材料的极其重要的一项工艺措施。目前，在各种机床上约有80%的零件要进行热处理，至于刃具、量具、模具及轴承等，也都需要进行热处理。人们日常生活中使用的菜刀、剪刀，其锋利的刃口就是通过热处理获得的。

3. 热处理的工艺过程

根据加热、保温和冷却方式的不同，可将热处理分为退火、正火、淬火、回火和表面热处理五种基本方法。不论哪种热处理方法，其工艺过程都包括加热、保温和冷却三个阶段。通常可以用温度—时间坐标图形表示，称为热处理工艺曲线，如图4-2所示。

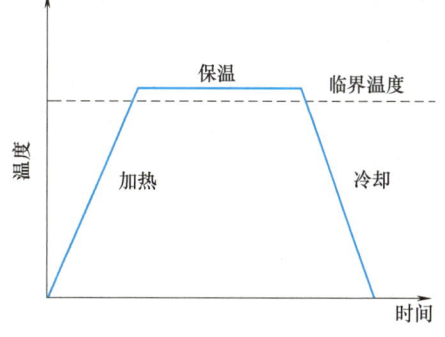

图4-2 热处理工艺曲线

（二）钢铁材料常识

1. 钢与铁的区别

钢与铁都是以铁（Fe）和碳（C）两种元素为主组成的合金，称为铁碳合金。此外，还含有少量的硅、锰、磷、硫等元素。钢与铁的主要区别是碳的质量分数不同。

1）碳的质量分数小于0.02%的铁碳合金称为纯铁。

2）碳的质量分数为0.02%~2.11%的铁碳合金称为钢。

3）碳的质量分数为2.11%~6.69%的铁碳合金称为生铁，生铁经过配料、熔炼、浇注成铸件，称为铸铁。铸铁中碳的质量分数一般为2.5%~4.5%。

4）碳的质量分数>6.69%的铁碳合金，由于脆性很大，没有实用价值。

2. 钢的分类

（1）按化学成分分

1）碳素钢。根据碳的质量分数不同又可分为高碳钢（碳的质量分数>0.6%）、中碳钢（碳的质量分数0.3%~0.6%）、低碳钢（碳的质量分数<0.3%），低碳钢也称为熟铁。

2）合金钢。根据合金元素总含量不同可分高合金钢（合金总含量>10%）；中合金钢（合金总含量5%~10%）；低合金钢（合金总含量<5%）。

（2）按用途分

1）结构钢。分为碳素结构钢和合金结构钢，碳的质量分数<0.7%。

2）工具钢。分碳素工具钢和合金工具钢，碳的质量分数>0.7%。

3）特殊钢。如不锈钢、耐热钢、耐酸钢、耐磨钢及电热合金等。

（3）按质量分

1）普通钢。钢中有害元素磷、硫含量较高。

2) 优质钢。钢中有害元素磷、硫含量较少。

3) 高级优质钢。钢中有害元素磷、硫含量很少。

(4) 按金相组织分

1) 亚共析钢。碳的质量分数<0.77%。

2) 共析钢。碳的质量分数=0.77%。

3) 过共析钢。碳的质量分数>0.77%。

3. 钢的牌号

(1) 碳素结构钢　现有牌号为 Q195、Q215、Q235、Q275，可查国家标准《碳素结构钢》（GB/T 700—2006）。

(2) 优质碳素结构钢　可查国家标准《优质碳素结构钢》（GB/T 699—2015）。其牌号采用两位数字表示。两位数字表示钢中平均碳的质量分数的万分数，如 45 钢，表示碳的质量分数为 0.45% 的优质碳素结构钢。

(3) 碳素工具钢　其牌号用符号"T"加数字表示。数字表示平均碳的质量分数的千分数，如"T10"，表示平均碳的质量分数为 1% 的碳素工具钢。

如在牌号末尾加标符号"A"，则表示为高级优质碳素工具钢，如 T8A。

(4) 合金结构钢　合金结构钢的编号原则是"二位数字+化学元素符号+数字"。前面的数字表示碳的质量分数的万分数；化学元素符号表示钢中的合金元素；后面的数字表示该合金元素含量的百分数，当合金元素含量小于 1.5% 时，数字可不标出。如"40Cr"表示碳的质量分数为 0.4%，铬的质量分数小于 1.5% 的合金结构钢。

(5) 合金工具钢　合金工具钢的编号原则是"一位数字+化学元素符号+数字"。前面的数字表示碳的质量分数的千分数，当碳的质量分数大于 1% 时，则不必标出，如 Cr12、W18Cr4V 等。后面的元素符号和数字与合金结构钢的意义相同。如"9SiCr"，表示碳的质量分数是 0.9%，硅和铬的质量分数均小于 1.5% 的合金工具钢。

4. 火花鉴别法

将钢置于砂轮上磨削，由发出来的火花特征来判别它的成分、牌号，这种方法称为火花鉴别法。火花鉴别法是一种使用广泛又简便的鉴别钢材的方法，但需要有丰富的经验才能较为准确地鉴别出来。表 4-1 列举了火花各部分的名称、形式。表 4-2 列举了部分常用钢材的火花特征。

表 4-1　火花各部分的名称、形式

名称	含义	简图
火束	钢材在砂轮上磨削时所产生的全部火花形式	
根花	靠近砂轮部分的火花，又称为首端	
中部火花	火束中间部分火花最密集的一段，又称为中端，从此可判断钢中碳的质量分数的多少	

（续）

名称	含义	简图
尾花	火束末端接近消失的一部分，又称为尾端。根据尾花的形状，可判断钢中所含有的合金元素。尾花形态可分为直线尾花、狐尾尾花、枪尖尾花、钩状尾花	直线尾花、钩状尾花、狐尾尾花、枪尖尾花
流线	高速飞行的铁末颗粒发光时所走的轨迹。根据尾花流线的长短、粗细、色泽、疏密的不同，可区分钢的不同成分。流线通常有直线状流线、断续状流线和波浪状流线三种	直线状流线、断续状流线、波浪状流线
节点	流线中途爆裂的地方，较流线明亮而稍肥的白亮点	
芒线	又称为分叉。爆裂时发出的连在流线上的分叉直线。随碳的质量分数的不同，有二根、三根、四根、多根分叉之分	节点、芒线
爆花	即火星，又称为节花，是碳元素专有的火花特征。是芒线在中途又生节点，并射出芒线，这样形成的花称为爆花 一次爆花：在流线上的爆花只有一次爆花的芒线，这种爆花是碳的质量分数较低的一种火花现象 二次爆花：在一次爆花的芒线上又一次发生爆裂所呈现的爆花形式 三次与多次爆花：在二次爆花的芒线上，再一次或多次呈现爆裂	花粉 一次爆花、二次爆花、三次爆花

表 4-2 一些钢材的火花特征

钢号	火花颜色	火花特征	图例
15	浅黄	分支和火星较多	
20	带红		
35	黄亮	流线多而较细，火束较长，有二次多叉爆花，并附有花粉	多根分叉二次爆花
45	黄亮	流线多而稍细，火束短，发光大，爆裂为多根分叉三次爆花，有小花及花粉	多根分叉三次爆花、尖端有分叉

（续）

钢号	火花颜色	火花特征	图例
20Cr	白亮	流线量较多,呈一次多叉爆花,花型较大,芒线粗而稀,爆花核心有明亮节点	明亮节点
T10	黄亮	流线多且很细,火束比中碳钢的更短而粗,大量的三次爆花占全部火花的 5/6 以上;爆花光辉度稍弱,碎花、小花及花粉极多	

5. 铁碳合金的基本组织及性能

（1）**铁素体** 铁碳化合物,其溶碳量很低,在室温时仅为 0.006%。具有良好的塑性和韧性,而强度和硬度较低,用符号 F 表示。

（2）**奥氏体** 铁碳化合物,其溶碳量较高,强度和硬度较高,其塑性也很好,但变形抗力低。一般情况下存在于 727℃,是高温下的组织,用符号 A 表示。

（3）**渗碳体** 铁碳化合物,按一定比例化合成 Fe_3C,其碳的质量分数为 6.69%。它的硬度很高,而塑性和韧性很差,脆性很大,用符号 Fe_3C 表示。

（4）**珠光体** 由铁素体与渗碳体组成的机械混合物,用符号 P 表示。其力学性能介于铁素体与渗碳体之间,强度较高,硬度适中,有一定的塑性。

（5）**莱氏体** 奥氏体与渗碳体组成的机械混合物,用符号 Ld 表示。莱氏体的碳的质量分数为 4.3%。由于奥氏体在 727℃ 时转变为珠光体,所以在室温下莱氏体是由珠光体与渗碳体组成的。莱氏体的性能与渗碳体相近,硬度很高,塑性很差。

6. 钢加热时的组织转变

以共析钢为例,在室温时全部为珠光体 P 组织。将其缓慢加热到 Ac_1（727℃）时,在铁素体与渗碳体交界处首先形成奥氏体晶核（因为交界处成分不均匀,原子排列不规则,有利于晶核的形成）。

晶核形成后,铁素体逐渐向奥氏体转变,渗碳体也不断向奥氏体溶解,奥氏体不断长大。由于渗碳体的转变速度比铁素体慢,铁素体比渗碳体先消失。当残余渗碳体全部溶于奥氏体后,在刚形成的奥氏体晶粒中原来渗碳体存在的区域碳浓度高,铁素体存在的区域碳浓度低。随着保温时间增长,碳原子可以继续扩散,才能使奥氏体成分均匀化。

（三）热处理操作安全知识

热处理生产中,要大量消耗电能和经常接触各种酸、碱和盐类,并在高温及各种有害气体的环境下进行工作。因此,安全问题特别重要,这里介绍一般容易出现的事故。

1. 触电

因为热处理工艺操作要较多地使用电炉,用电量很大,并且电压很高,如高频加热设备使用电压可达 13kV。稍不注意就可能引起触电,甚至伤亡事故。引起触电的原因很多,归纳起来有两个方面。一方面是设备本身发生漏电,其原因可能是由于电热元件引出棒与金属炉壳接触而引起电炉外壳带电。预防的办法是设置可靠的接地保护,炉门设置开启自动断电保护装置；电热元件引出棒与炉壳应有良好的绝缘等。另一方面是违反操作规程引起触电。比如，防护用品没穿戴齐全，随意乱拉临时线，在电炉或控制柜周围随意走动等。

2. 烫伤

烫伤是热处理车间容易发生的另一种事故。造成烫伤的原因很多，如不戴手套操作，将潮湿或未经预热的工件或吊具放入盐浴炉中加热导致熔盐爆炸飞溅，均可能引起烫伤。

3. 中毒

热处理所使用的化学药品大多是有毒的，熔盐挥发的气体对人体也是有害的。尤其是氰化盐毒性更大，生产中应尽量避免使用。为了防止中毒事故的发生，车间应通风良好，各种药品应有专用仓库保管，工作时应佩戴必要的防护用品（手套、口罩等），工作完毕后一定用肥皂把手洗干净，车间的废药、废液应处理到符合规定的标准后再排放。

4. 火灾

引起火灾的原因很多，常见的有电气线路由于超负荷或多年失修引起火灾，淬火用油或回火用油温度过高失火，以及高温工件出炉后周围有易燃易爆物品燃烧和爆炸引起的火灾等。避免的办法是：经常对电气线路进行检查，发现隐患及时排除；严格控制油的温度；将工作场地的易燃易爆物品清理到安全地带。为了预防不测，车间内还应该准备一定数量的消防器材。

四、技能辅导

（一）钢材热处理的工艺

常用热处理工艺，按其作用不同可分为预备热处理和最终热处理两类。预备热处理是为了消除热加工（锻、轧、铸、焊等）所造成的某些缺陷，为以后的冷加工和最终热处理做好组织准备。退火和正火通常为预备热处理。最终热处理是使工件获得使用时所要求的性能。下面分别介绍这几种热处理工艺方法。

1. 钢的退火

退火是将钢加热到相应的临界点以上，经过保温，然后随炉缓慢冷却的热处理方法。

退火与正火

根据钢的化学成分和退火目的的不同，退火方法可分为完全退火、球化退火和去应力退火等。

1）完全退火。将钢加热到 Ac_3 以上 20~50℃ 保温一定时间，随炉缓慢冷却到 500℃ 以下出炉后空冷。

完全退火是利用钢在加热到临界点时发生组织转变，形成细而均匀的奥氏体，再缓慢冷却下来，可细化晶粒，消除由于冷却不均匀造成的内应力，降低硬度，达到改善切削加工性能的目的。

完全退火一般用于亚共析钢的锻件、铸钢件和焊接件等。

2）球化退火。球化退火是加热温度控制在 Ac_1 以上 10~30℃（例如 T8~T13 钢为 750~770℃），保温一定的时间，随炉缓慢冷却的工艺过程。

球化退火后珠光体中的渗碳体呈球状，所以硬度较低，切削加工性能好；同时可以细化晶粒，使化学成分均匀等。

球化退火主要用于碳素工具钢、滚动轴承钢及合金工具钢等。

3) 去应力退火（低温退火）。去应力退火一般只加热到 500~600℃，保温足够的时间后随炉缓冷到 200℃ 以下出炉空冷。由于加热温度低于 Ac_1，故不发生组织转变。

去应力退火的目的是消除铸件、锻件和焊接件在冷、热加工中生产的内应力，防止在使用过程中发生形变。

2. 钢的正火

正火是将钢加热到临界点（Ac_3 或 Ac_{cm}）以上 20~50℃，保温一定时间，从炉中取出在空气中冷却的方法。

正火的目的，对亚共析钢来说与完全退火相似，只是正火后钢的强度、硬度高些。对于过共析钢是为了消除网状渗碳体，为球化退火做组织准备。

由于正火的生产周期短，较为经济，所以碳的质量分数低于 0.25% 的碳钢，一般用正火来代替退火。

3. 钢的淬火

（1）淬火　淬火是将钢加热到 Ac_3 或 Ac_{cm} 以上 20~50℃ 保温一定时间，然后快速冷却的方法。

淬火的目的是提高钢的硬度，增强耐磨性，与高温回火配合获得良好的综合力学性能。各种刀具、量具、刃具、模具以及要求具有高硬度和耐磨性好的工件，都需要进行淬火处理；对于受冲击作用的轴、齿轮等工件，为满足使用要求，也需要先进行淬火处理。

淬火与回火

（2）淬火工艺　淬火工艺包括加热、保温、冷却三个阶段。

1）加热温度的确定。加热是淬火的首道工序，不同成分的钢应选择不同的加热温度，其目的是为获得奥氏体组织。

亚共析钢淬火加热温度一般为 $Ac_3+(20~50)$℃，达到完全奥氏体状态，淬火后得到较硬的组织。如果加热温度过高，奥氏体晶粒长大，淬火后钢的性能会变脆，容易变形甚至开裂；如果温度低于 Ac_3，由于铁素体的存在，淬火后钢的硬度不足。

过共析钢为什么要加热到 Ac_3 以上 20~50℃ 呢？因为在这个温度范围内钢的组织绝大部分可转变为奥氏体，只保留少量的渗碳体，然而，渗碳体的硬度很高，淬火后它不但不会降低钢的硬度，反而能提高耐磨性。如果加热温度超过 Ac_{cm}，使渗碳体全部溶解于奥氏体中，淬火后不但钢的晶粒粗大，而且由于残余奥氏体量增加，反而使钢的硬度、耐磨性降低。常用碳素钢及部分合金钢淬火加热温度，见表 4-3。

表 4-3　常用碳素钢及部分合金钢淬火加热温度

钢　号	淬火温度/℃	钢　号	淬火温度/℃
30	860~890	40Cr	830~860
35	850~880	40CrNi	810~840
45	820~850	60Si2Mn	840~870
50	810~840	GCr15	820~850
65	800~830	Cr12	950~980
70	790~820	5Cr2W8V	820~850
T8	780~810	W18Cr4V	1260~1290
T12	770~810	3Cr13	1000~1050

从表 4-3 可以看出，合金钢的淬火加热温度比相同含碳量的碳钢要高一些。这是由于合金元素使钢的临界点升高的缘故。对于高合金钢（如不锈钢、高速钢）的淬火加热温度，是根据其性能和内部组织变化的规律而确定的。

2）加热时间的确定。从工件入炉起到由炉中取出止，在炉内总的停留时间称为工件的加热时间。实际上，加热时间应该包括升温和保温两个阶段。升温是将工件加热到指定温度，而保温是使工件内外温度均匀一致，并完成预期的组织转变。一般热处理时，升温与保温难以区分，均以加热时间表示。只有当处理大型工件或装炉量多，装炉后炉温下降很多时，才把升温时间和保温时间分开考虑。

一般保温时间是以工件放入炉中，炉内温度下降后再回升到淬火工艺温度时开始算起。保温时间根据工件的有效厚度用下式估算：

$$t = aD$$

式中　t——保温时间（min）；

　　　a——加热系数（min/mm），与钢的种类、加热介质、加热温度有关，其数值见表 4-4；

　　　D——工件有效厚度（mm）。

有效厚度是根据工件的形状确定的。轴类工件用直径；板类工件用厚度；套筒工件内径很小的按轴类工件算，内径很大的用壁厚；圆锥形工件用距小头 2/3 处的直径作为有效厚度。

表 4-4　加热系数 a　　　　　　　　　　　　（单位：min/mm）

工件材料	≈600℃ 箱式电炉预热	750~850℃ 盐炉中加热	800~900℃ 箱式电炉加热	1100~1300℃ 盐炉中加热
碳素钢	—	0.3~0.5	1.0~1.5	—
合金钢	—	0.5~0.8	1.2~1.8	—
高合金钢	1.0~1.5	0.4~0.6	—	0.2~0.35
高速钢	1.0~1.5	0.4~0.6	—	0.1~0.25

(3) 淬火冷却　冷却是淬火的关键操作。选择淬火冷却介质、确定淬火方法及工件浸入淬火冷却介质的方式是淬火冷却的三大组成部分。

1）淬火冷却介质。目前工厂常用的淬火冷却介质有水、盐水和油类。

水的冷却能力较强，适用于碳素钢的淬火。它的缺点是其温度对冷却速度很敏感，随着水温升高，冷却能力显著下降。所以生产中严格控制冷却水的温度不超过 45℃。

盐水是在水中加入 3%~5% 的食盐，使其冷却能力大大提高，适用于低碳钢或较大的中碳钢工件淬火。由于冷却速度很快，容易使工件产生变形和开裂。

油的冷却能力较弱，适用于合金钢以及小型碳钢工件的淬火。由于冷却速度慢，所以工件不容易产生变形和开裂。随着油温的提高，其黏度变低，流动性变好，冷却能力增强。但温度过高会引起着火和大量油烟，一般控制在 20~80℃ 之间使用。

2）确定淬火方法。最简单的淬火方法是把加热好的工件直接放入水或油中冷却到室温，称为单液淬火。单液淬火受到淬火冷却介质本身性能的限制，比如在水中冷却可以获得较高的硬度，但工件容易产生变形，甚至开裂。在油中冷却虽然变形小，不易开裂，但往往由于油的冷却能力不够，使淬火工件达不到硬度要求。所以，生产中一般根据钢在冷却时的内部组织转变规律，采用"双液淬火"。

双液淬火是将加热好的工件先在水中冷却到一定温度后再迅速转入油中冷却到底，又称"水淬油冷"。这种方法既可保证工件淬火后有较高的硬度，又可避免工件的变形和开裂。操作的关键是掌握工件在水中停留的时间，出水过早硬度不足，出水过晚会产生变形和开裂，对操作人员的经验要求较高。在经验不足的情况下，可按工件每4mm有效厚度在水中停留1s的时间估算一下，再通过实践进行检验。

除了单液淬火、双液淬火外，对于一些有特殊要求的工件，为保证其淬火质量，还可以采用等温淬火、分级淬火等特殊淬火方法，这里不再赘述。

3）工件浸入淬火冷却介质的方式。淬火时，由于冷却速度很高（最高达1200℃/s），为防止工件的变形和开裂，对工件浸入方式有一定要求。确定浸入方式的原则是：保证工件均匀地冷却。

对于细长工件，如钻头、锉刀等，要垂直浸入；厚薄不均匀的工件，厚的部分先浸入；薄而平的工件，垂直快速浸入；截面不均匀的工件，应斜着浸入，以使工件各部分的冷却速度接近。

4. 钢的回火

回火是淬火的后续工序，是工件的最终热处理，对钢的使用性能起着决定性的作用。在一般工件图样上只标注淬火而不标注回火名称，但所需要的硬度值实际上是指经回火后的硬度要求。

所谓回火，就是将淬火后的工件重新加热到临界点Ac_1以下的某一温度，经保温后冷却到室温的工艺过程。

（1）回火的目的

1）调整力学性能。淬火后的工件硬度高，脆性也大，通过回火后方可达到实际需要的硬度值，同时塑性和韧性得到了恢复。

2）消除内应力。由于淬火冷却速度很快和内部组织的转变，工件内存在较大的内应力，若不及时回火就很容易产生变形，甚至开裂。

3）稳定组织和尺寸。淬火后的组织是不稳定的，有自发地向稳定组织转变的倾向，因而会引起工件外形和尺寸的变化，使精度降低。通过回火，可以使组织和尺寸稳定下来。

（2）回火方法及应用　根据工件所要求的性能，按回火温度不同可以分为以下三类：

1）低温回火，温度为150~250℃，其目的是在保持淬火工件高硬度的前提下，适当提高其韧性和减小内应力，广泛用于各种工具、量具的表面淬火。

2）中温回火，温度为300~500℃，其目的是获得高的强度、韧性和较好的弹性，主要用于各种弹性零件、热锻模及要求较高韧性的工具。

3）高温回火，温度为500~650℃。生产上把淬火后进行高温回火的处理称为调质。调质是许多机械零件常用的热处理方法，其目的是获得良好的综合力学性能。高温回火广泛用于结构件（曲轴、连杆）的最终热处理和重要工具、模具的预备热处理。

不论是哪类回火方法，保温时间和回火冷却方式均不可忽视。由于回火温度比较低，所以组织转变所需要的时间较长，回火保温时间一般为0.5~2h。对于合金钢和大型工件，回火时间还应适当延长。

回火冷却方式，对于没有特殊要求的材料，由于温度较低，没有严格要求；而对某些具有高温回火脆性的材料，回火需要在油中快速冷却。

（二）硬度检测

硬度是指材料对另一更硬物体（钢球或金刚石压头）压入其表面所表现的抵抗力。硬度的大小对于工件的使用性能及寿命具有决定性意义。由于测量的方法不同，常用的硬度指标有布氏硬度和洛式硬度。

金属材料与硬度检测

1. 布氏硬度（HBW）

（1）基本原理 用载荷 F 将直径为 D 的淬火钢球压入试样的表面，并保持一定时间，然后去除载荷 F，测量压痕直径 d（图 4-3），最后计算出布氏硬度值。

布氏硬度的计算公式为

$$HBW = 0.102 \times \frac{2F}{\pi D(D - \sqrt{D^2 - d^2})}$$

式中 D——球直径（mm）；

F——试验力（N）；

d——压痕平均直径（mm），$d = (d_1 + d_2)/2$，d_1 和 d_2 分别为两个相互垂直方向测量的压痕。

（2）检测程序

1）检测条件。一般在 10~35℃室温下进行检测，对于温度要求严格的试验，要求温度为 (23±5)℃。

2）检测前按照要求检查硬度计的状态。

3）从表 4-5 中选择合适的试验力。

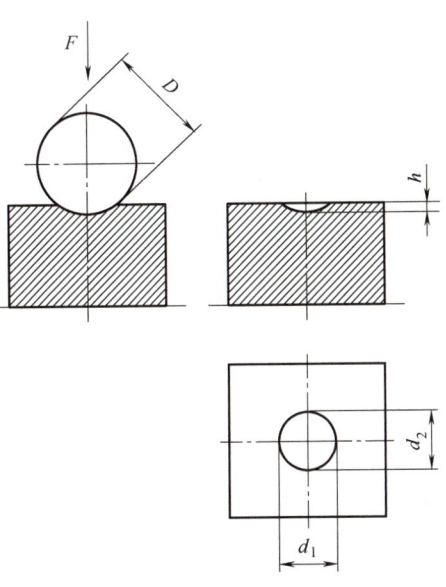

图 4-3 布氏硬度试验原理图

表 4-5 不同条件下的试验力

硬度符号	硬质合金球直径 D /mm	试验力-球直径平方的比率 $0.102F/D^2$ /(N/mm²)	试验力的标称值 F /N
HBW 10/3000	10	30	29420
HBW 10/1500	10	15	14710
HBW 10/1000	10	10	9807
HBW 10/500	10	5	4903
HBW 10/250	10	2.5	2452
HBW 10/100	10	1	980.7
HBW 5/750	5	30	7355
HBW 5/250	5	10	2452
HBW 5/125	5	5	1226

(续)

硬度符号	硬质合金球直径 D /mm	试验力-球直径平方的比率 0.102F/D² /(N/mm²)	试验力的标称值 F /N
HBW 5/62.5	5	2.5	612.9
HBW 5/25	5	1	245.2
HBW 2.5/187.5	2.5	30	1839
HBW 2.5/62.5	2.5	10	612.9
HBW 2.5/31.25	2.5	5	306.5
HBW 2.5/15.625	2.5	2.5	153.2
HBW 2.5/6.25	2.5	1	61.29
HBW 1/30	1	30	294.2
HBW 1/10	1	10	98.07
HBW 1/5	1	5	49.03
HBW 1/2.5	1	2.5	24.52
HBW 1/1	1	1	9.807

4）试验力的选择应保证压痕直径在 (0.24~0.6)D 之间。如果压痕直径超出了上述区间，应在试验报告中注明压痕直径与压头直径的比值 d/D。试验力-压头球直径平方的比率（$0.102F/D^2$ 比值）应根据材料和硬度值选择，见表4-6。为了保证在尽可能大的有代表性的试样区域试验，应尽可能地选取大直径压头。

表4-6 不同材料推荐的试验力与压头球直径平方的比率

材　料	布氏硬度（HBW）	试验力-压头球直径平方的比率 $0.102F/D^2$/(N/mm²)
钢、镍基合金、钛合金		30
铸铁	<140	10
	≥140	30
铜和铜合金	<35	5
	35~200	10
	>200	30
轻金属及其合金	<35	2.5
	35~80	5
		10
		15
	>80	10
		15
铅、锡		1
烧结金属	依据 GB/T 9097	

注：对于铸铁，压头的名义直径应为 2.5mm、5mm 或 10mm。

5）放置试样。试样应放置在刚性试台上。试样背面和试台之间应无污物（氧化皮、油、灰尘等）。将试样稳固地放置在试台上，确保在试验过程中不发生位移。

6）使压头与试样表面接触，垂直于试验面施加试验力，直至达到规定试验力值，确保加载过程中无冲击、振动和过载。从加力开始至全部试验力施加完毕的时间应在 7^{+1}_{-5}s 之间。试验力保持时间为 14^{+1}_{-4}s。对于要求试验力保持时间较长的材料，试验力保持时间公差为 ±2s。

注意：加力时间和保持时间以非对称极限的形式给出。例如 7^{+1}_{-5}s 指出了 7s 是通常的保持时间，可以接受的时间范围是不小于 2s，不大于 8s。

7）在整个试验期间，硬度计不应受到影响试验结果的冲击和振动。

8）任一压痕中心距试样边缘距离至少应为压痕平均直径的 2.5 倍；两相邻压痕中心间距离至少应为压痕平均直径的 3 倍。

9）压痕直径的光学测量既可采用手动也可采用自动测量系统。光学测量装置的视场应均匀照明，照明条件应与硬度计直接校准、间接校准和日常检查一致。两种测量方法如下：

① 对于手动测量系统，测量每个压痕相互垂直方向的两个直径。用两个读数的平均值计算布氏硬度。对于表面研磨的试样，建议在与磨痕方向夹角大约 45°方向测量压痕直径。

注意，对于各向异性材料，例如经过深度冷加工的材料，压痕垂直方向的两个直径可能会有明显差异。相关的产品标准可能会给出允许的差异极限值。

② 对于自动测量系统，允许按照其他经过验证的算法计算平均直径。这些算法包括多次测量的平均值、测量压痕投影面积。

10）利用公式计算平面试样的布氏硬度值，将试验结果修约到 3 位有效数字。布氏硬度值也可通过 GB/T 231.4 给出的硬度值表直接查得。

（3）布氏硬度计构造和操作　常见布氏硬度计有油压式和杠杆式两种，油压式是通过液体来传递压力，是早期的硬度计类型，容易产生过载。目前应用较多的是杠杆式硬度计，图 4-4 所示为 HB—3000 型布氏硬度计。

（4）试验步骤

1）安装压头和工作台。

2）选择载荷。

3）选择载荷的保持时间。松开压紧螺纹，把圆盘内弹簧定位器旋转到所需的时间位置上，压紧螺钉松开的程度应能使圆盘做回转调整。

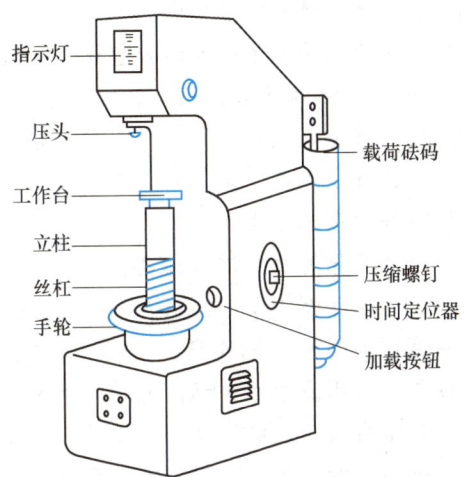

图 4-4　HB—3000 型布氏硬度计结构图

4）将试样放于工作台上。

5）测量开始。打开电源，指示灯亮。转动手轮使试样与压头接触。按启动按钮开关并立即做好拧紧螺钉的准备，在加载指示灯点亮的同时迅速拧紧，使圆盘随曲柄一起回转直到自动反向和停止转动为止。从加载指示灯点亮到熄灭为全载荷保持时间。

6）硬度测量结果。测量完毕，转动手轮，取下试样，用测量显微镜测量试样表面的压痕直径，从互相垂直的两个方向各测一次，取其平均值，查压痕直径与布氏硬度对照表即得硬度值。

例如，用 5mm 直径钢球，在 750kg 载荷下保持 10s，压痕直径 $d=3.3$mm，测量的硬度值为 341。

7) 硬度计的校验方法及注意事项。一般采用标准压块，对硬度读数的正确性进行校核。在标准块上三个不同位置测量硬度，取其算术平均值，该值不应超过标准硬度值的 ±3%。

例如，标准块的硬度刻度为 HBW320，在硬度计上测得为 HBW328 时，说明硬度计计数比标准块高 8 个单位，所以试件测得的硬度应相应减去 8。

对硬度计的载荷，可用标准测力计进行测量，载荷误差不应超过 ±1%，否则应进行修理。

压痕中心到试样边缘的距离不应小于压痕直径的 2.5 倍，而相邻的压痕中心距离不应小于压痕直径的 4 倍。

2. 洛式硬度

(1) 测试原理　将特定尺寸、形状和材料的压头按照规定分两级试验力压入试样表面，初试验力加载后，测量初始压痕深度。随后施加主试验力，在卸除主试验力后保持初试验力时测量最终压痕深度，根据最终压痕深度和初始压痕深度的差值 h 及常数 N 和 S 通过计算得出洛式硬度值，洛氏硬度 $=N-h/S$。

洛式硬度法克服了布氏硬度法的缺点，它的压痕较小，可测量较高硬度，可直接读数，操作方便、效率高。洛氏硬度法也采用压入法，它用金刚石和钢球作压头，但它是以压痕的陷凹深度作为计量硬度指标。

为了可以用一个试验机测定从软到硬各种材料的硬度，试验机采用了不同的压头和总负荷，组成了 15 种不同的洛氏硬度标度，见表 4-7。钢铁材料最常用 HRA、HRBW 和 HRC 标度测定。各种洛氏硬度计测量原理都是相似的，现以测量 HRBW、HRC 为例说明。图 4-5 所示为洛氏硬度测量原理。一般较硬的金属材料（如淬火后的工件）用金刚石压头；较软的金属材料用钢球压头。

总载荷分为两次加到压头上。首先加入初试验力 F_0，使压头与试样的表面接触良好，此时，压痕深度为 h_0（图 4-5a）；然后加入主试验力 F_1，这时总试验力 $F=F_0+F_1$，此时压痕深度增加到 h_1（图 4-5b）；随后将主试验力卸除，此时压痕由于加载时所产生的弹性变形已恢复，以压痕深度 $h=h_1-h_0$（图 4-5c）作为测量的依据。

如果直接以压痕深度 h 来作计算硬度指标，那么就会出现硬的金属硬度值小，而软的金属硬度值大的现象，这和布氏硬度值大小相反，不符合人们的习惯。因此用一常数 k 来减去所得的压痕深度值作为洛氏硬度的指标，即 $HR=k-h$。

当以钢球为压头时，$k=0.26$；以金刚石锥体为压头时，$k=0.2$。此外，在读数上又规定以压入深度 0.002mm 作为标尺刻度的一格，这样前者的 0.26 常数相当于 130 格，后者的 0.2 常数相当于 100 格，因此洛氏常数硬度值可由下式确定：

$$HRBW = 130-h/0.002 \quad （红色表盘）$$
$$HRC = 100-h/0.002 \quad （黑色表盘）$$

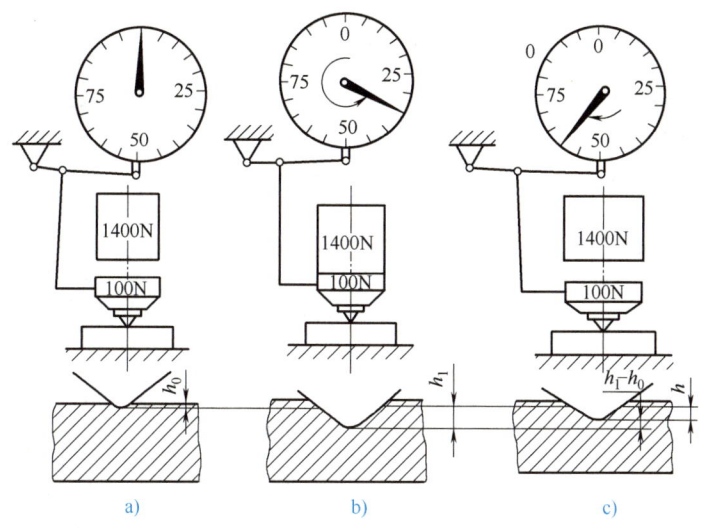

图 4-5 洛氏硬度计测量原理

因此可知，当压痕深度 $h=0.2$mm 时，HRC=0，HRBW=30。

这也是为什么 HRB 要取 0.26 作为常数的原因，因为 HRB 是测定较软的金属材料的，测试时有的压痕深度可能超过 0.2mm，若取 0.2 作为常数，硬度将会得负值，为此 HRB 把常数取得大些。

表 4-7 各种洛氏硬度符号、试验条件及其应用

硬度符号单位	采用压头	总试验力 F/N	表盘指示器上刻度的颜色	常用范围	应用举例
HRA	金刚石圆锥	588.4	黑色	20~95	碳化物、硬质合金、钢材表面硬化
HRBW	φ1.5875mm 球	980.7	红色	10~100	软钢、退火钢、铜合金等
HRC	金刚石圆锥	1471	黑色	20~70	淬火钢、调质钢、白口铁、较硬材料
HRD	金刚石圆锥	980.7	黑色	40~77	薄钢板、中等厚度的表面硬化工件
HREW	φ3.175mm 球	980.7	红色	70~100	铸铁、铝、镁合金、轴承合金等
HRFW	φ1.5875mm 球	588.4	红色	60~100	薄软钢板、退火铜合金等
HRGW	φ1.5875mm 球	1471	红色	30~94	磷青铜、铍青铜等
HRHW	φ3.175mm 球	588.4	红色	80~100	铝、锌、铅等
HRKW	φ3.175mm 球	1471	红色	40~100	轴承合金及其他极软较薄的金属材料。试验时，应尽可能选用较小钢球及较大负荷，但须避免工作台的背衬作用

（2）洛氏硬度机的构造与操作　洛氏硬度计类型较多，外形构造也不相同，但构造原理及主要部件相同。HR—150 型洛氏硬度计结构图如图 4-6 所示。

实验时将试样 15 放在工作台 16 上，顺时针方向转动手轮 18，使工作台上升直至试样

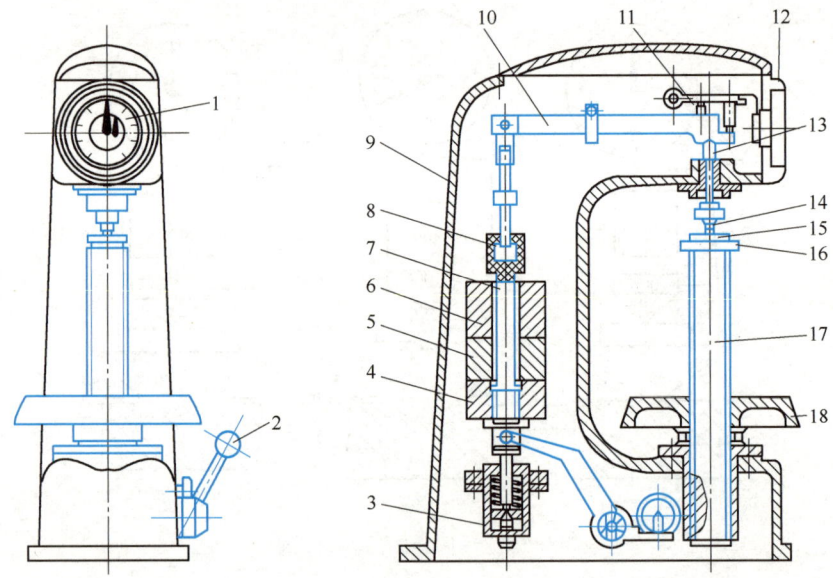

图 4-6　HR—150型洛氏硬度计结构图

1—指示器　2—加载手柄　3—缓冲器　4—砝码座　5、6—砝码　7—吊杆
8—吊套　9—机体　10—加载杠杆　11—顶杆　12—刻度盘　13—压轴
14—压头　15—试样　16—工作台　17—升降丝杠　18—手轮

15与压头14接触。

转动指示器表盘使长指针指准"C"处（当测试HRBW硬度值时，长指针指向"B"处），继续顺时针方向转动手轮18约3圈，通过压头14和压轴13顶起加载杠杆10，并带动指示器1表盘的指针转动，待表盘内的小指针指到黑点时，试样即已加上98N的初载荷。

推动加载手柄2，加上主载荷。待指示器的指针停止转动后卸掉主载荷，这时指针所指的读数即为所求的洛氏硬度值，HRC、HRA读C标尺（外圈读数），HRBW读B标尺（内圈读数）。

（3）测量方法

1）按表4-7选择压头及载荷。

2）根据试样大小和形状选择工作台。

3）将试样上下两面磨平，然后置于工作台上。

4）加预载荷。按顺时针方向转动升降机构的手轮，使试样与压头接触，并观察读数百分表上小针移动到小红点为止。

5）调整读数表盘，使百分表盘上的长针对准硬度值的起点。如测量HRC、HRA硬度时，把长针与表盘上黑字C处对准。测量HRBW时，使长针与表盘上红字B处对准。

6）加主载荷。平稳地扳动加载手柄，手柄自动升高到停止位置（时间为5~7s），并停留10s。

7）卸除主载荷。扳回加载手柄至原来位置。

8）读数。表上长针指示的数字为硬度的读数。HRC、HRA读黑数字，HRBW读红数字。

9）下降工作台，取出试件。

10）用同样方法在试件的不同位置测三个数据，取其算术平均值为试件的硬度值。

各种洛氏硬度值之间，洛氏硬度与布氏硬度之间都有一定的换算关系。对钢铁材料而言，大致有下列关系式：

$$HBW \approx 2HRBW$$
$$HBW \approx 10HRC \quad (只当 HRC = 40 \sim 60 范围)$$
$$HRC \approx 2HRA - 104$$

（4）洛氏硬度测量注意事项

1）试样的准备。试样表面应磨平、且无氧化皮和油污等，试样形状应能保证试验面与压头轴线相垂直，测试过程应无滑动。

2）试样的最小厚度应不小于压入深度的 8 倍，测量后试样的支承面上不应有变形痕迹。

3）压痕间距或压痕与试件边缘距离：HRA>2.5mm，HRC>2.5mm，HRBW>4mm。

4）不同的洛氏硬度有不同的适用范围，超出规定的测量范围时，准确性较差，因此应按标准选择压头及载荷。

五、匠心讲堂

敢于挑战行业尖端技术的工人发明家——李书乾

李书乾是瓦房店轴承集团有限责任公司热处理分厂电工、高级技师，曾获全国劳动模范、全国五一劳动奖章、国务院政府特殊津贴专家、中华技能大奖、大国工匠等多项荣誉称号，现为瓦轴集团公司首席工人技术专家。他的成功和个人努力是分不开的，李书乾能吃苦，在同事和朋友中是出了名的，在他身上永远有着一股不服输的劲头。在李书乾刚刚涉足维修领域时，互联网并不发达，并没有太多的学习渠道，也没有老师教导，他就逼着自己一页页啃书本，一步步去学习。瓦轴集团承担着铁路提速轴承研发制造的重任，热处理工序是一个技术瓶颈，李书乾和公司技术专家承担起了淬火压床的研制任务。李书乾将静态淬火创新为动态旋转淬火，使铁路提速轴承的心部硬度提高了25%，产品的变形量减少了30%，实现了铁路提速轴承热处理质的飞跃。这台自主研发的设备可替代进口设备，仅外购资金就节省1200万元。事实证明，精密高端轴承不仅能够"中国制造"，而且能"中国创造"。30多年来，李书乾先后改造老设备120多台（次），完成技术创新230多项，技术创新成果中有3项获国家、部委的奖励，累计为公司节约成本7650多万元。他用创新解决了生产实践的诸多难题，被人们誉为"敢于挑战行业尖端技术的工人发明家"。

齿轮热处理任务书

班级：_____　姓名：_____　学号：_____

一、任务相关问题

1. 齿轮淬火工艺主要步骤有哪些？

　_____
　_____
　_____
　_____
　_____

2. 家用菜刀是否需要热处理？热处理工艺是怎样的？

　_____
　_____
　_____
　_____
　_____

3. 请举例说明金属内部组织与性能的关系。

　_____
　_____
　_____
　_____
　_____

二、任务计划与讨论决策

小组讨论制订齿轮热处理工艺计划，并填写表 4-8。

表 4-8 齿轮热处理工艺计划表

热处理工件规格	
加热设备名称与型号	
硬度检测设备名称与型号	

加工步骤	工艺参数选择
1.	
2.	
3.	
4.	
5.	
6.	
7.	
8.	
9.	
10.	

三、任务实施记录

小组完成齿轮热处理,并记录热处理过程,填入表 4-9。

表 4-9 齿轮热处理过程记录表

序号	项目	完成情况和存在问题
1		
2		
3		
4		
5		
6		
7		
8		
9		
10		

四、检查与评价

对完成的齿轮热处理进行自评、小组互评和教师评价,并将结果填入表 4-10。

表 4-10　齿轮热处理任务评价表

序号	项目	配分	评分标准	学生自评 30%	小组互评 30%	教师评价 40%
1	热处理前硬度检测:使用仪器正确检测工件硬度	10	3 次检测误差小于 5HRC			
2	工件淬火加热温度:根据工件材质选择加热温度	20	830~860℃			
3	工件冷却:在淬火冷却介质中快速冷却	30	快速搅动,工件较深没入淬火冷却介质中			
4	工件回火加热温度:根据工件材质选择加热温度	20	中温回火温度			
5	热处理后硬度检测:使用仪器正确检测工件硬度	10	3 次检测误差小于 5HRC			
6	正确使用设备	10	设备、仪器无异常;安全操作设备			
	合计	100				

五、总结与反思

_____

_____

_____

_____

参 考 文 献

[1] 唐琼英. 金工实训 [M]. 北京：机械工业出版社，2015.
[2] 赵菲菲. 金工实训 [M]. 北京：机械工业出版社，2024.
[3] 王增强. 机械加工技能实训 [M]. 3版. 北京：机械工业出版社，2022.
[4] 许秀举，赵洪胜. 金属材料与热加工 [M]. 北京：机械工业出版社，2021.
[5] 王博，王军. 焊接技能强化训练 [M]. 4版. 北京：机械工业出版社，2024.